京都カフェ散歩

喫茶都市をめぐる

川口葉子

祥伝社黄金文庫

目次

6 はじめに　京都は街自体が一軒の巨大なカフェだ
12 旅の準備も、やっぱりカフェで

一章 珈琲とエスプレッソ
14 直珈琲
22 FACTORY KAFE 工船
30 六曜社 地下店
34 小川珈琲 京都三条店
40 caffè Verdi
44 珈琲工房 てらまち
48 SOU・SOU しつらい
52 自家焙煎珈琲 ガロ
56 weekenders
58 珈琲 伽藍

二章 京都の歴史と共に歩んできた喫茶店
70 フランソア喫茶室
76 イノダコーヒ本店
82 進々堂 京大正門前
86 喫茶ソワレ
90 スマート珈琲店
94 CC'S
98 築地
100 喫茶 静香
102 喫茶セブン

三章　カフェの源流から河口まで

114　CAFE Doji
122　Café Bibliotic Hello!
126　CAFE HERON
130　CAFÉ KOCSI
134　CAFÉ OPAL
140　kitone
142　Lugol
144　カフェ・バーバチカ
145　バザールカフェ

四章　本と珈琲、音楽と珈琲

156　ELEPHANT FACTORY COFFEE
164　月と六ペンス
168　café anonima
170　TRACTION book cafe
172　Mijas Pittoo
174　雨林舎
175　きさら堂
176　名曲喫茶 柳月堂
180　YAMATOYA
182　ambient cafe mole

五章　町家、洋館、長屋をカフェに

188　前田珈琲 明倫店
192　OKU
196　遊形サロン・ド・テ
198　照明器具と喫茶室 月あかり
200　CAFÉ INDÉPENDANTS
202　ことばのはおと
203　Prangipani
204　ひだまり
205　les trois maisons

六章　お茶の香りに誘われて

206　好日居
214　一保堂茶舗 喫茶室 嘉木
218　御室さのわ
220　素夢子 古茶家
224　李朝喫茶 李青

七章

食の愉しみ

226 はちはち Infinity Café
232 prinz
236 カフェ日杳
238 Ha-Ha apartment + café
239 そうげんカフェ
240 シトロン・シュクレ
241 mano a mano
242 つばめ
243 guriguraa cafe

244 50音別索引
246 エリア別 map

column

59 京都の喫茶店の魅力ってなんだろう?
対談:奥野修 × オオヤミノル

104 鴨川の流れを映して
efish/かもがわカフェ

146 喫茶魂
御多福珈琲/Rabbit Coffee
喫茶 六花/はしもと珈琲

184 京都で出会った珈琲焙煎人たち
独創的な「ちょっとコーヒー」焙煎人のこと
郊外の焙煎店のこと …GARUDA COFFEE

photo 川口葉子　design 五十嵐久美恵 pond inc.　map 佐藤加奈子

京都は街自体が一軒の巨大なカフェだ

京都にはカフェが多い。それも、とびきり魅力的なカフェが。

カフェが先か、京都が先か――〝鶏と卵はどちらが先か〟問題に結論が出ないように、私にとって京都とカフェは、どちらが旅の目的なのかわからないほど一体となってしまった。とろとろの卵にとじられた鶏肉のように、京都という街はカフェにとじられて、心を惹《ひ》きつける姿でどんぶりの中におさまっている。

「京都は街自体が一軒の巨大なカフェだ」

これは十年ほど前に鎌倉のカフェ・ヴィヴモン・ディモンシュが発行したフリーペーパーに、京都出身のミュージシャン、田中知之氏が寄せたエッセイのタイトル。一度訪れた人を再び何度でも呼び寄せてしまう京都の吸引力は、良いカフェのそれと同じ。また、観光客に接する京都人たちの優しいような厳しいような、つかず離れずの距離感は、まさにカフェ的ではないかと。


おもてなしとイケズの都、京都。

ある初夏の夜、祇園《ぎおん》「いづう」のテーブルについて、鯖寿司からはがした肉厚の昆布を噛みしめていたら、レジの前でカップルがお店の女性にむかって、おそるおそるといった雰囲気で質問を始めた。

「京都の飲食店では、お店の人に外までお見送りされたら〝二度と来るな〟という意味だと聞いたんですけど、本当ですか？」

質問を受けた女性は「そんな話、はじめて聞いたわあ」と笑って否定し、もう一人の店員さんにも同意を求めた。

カップルは胸をなでおろして帰っていったけれど、この光景は観光客《よそさん》が京都に対して抱いている不安を端的に表していると思う。京都の街角には自分のあずかり知らない不文律が網の目のように張りめぐらされていて、いつか気がつかないうちにそれを破ってしまい、後ろ指をさされて笑われるのではないかしら……そんな不安。

いちげんさんお断りのシステムは、不文律を知らない観光客からお店を守ると同時に、観光客に場違いでいたたまれない思いをさせないための親切な仕組みなのだと、あるカフェのオーナーが教えてくれた。

カフェはそのような心配のない唯一の場所。そこではいちげんさんも常連客も、心やすらかにコーヒー一杯分のおもてなしを受けられる。

京都でタクシーに乗るたびに、運転手さんに「おいしいコーヒー屋さんはどこですか？」

と訊ねてみる。すると、ほとんど全員が「観光のお客さんに有名なのはイノダですな」と答えてくれる。なかには「イノダですわ、堺町通三条下ル！」とお店の住所に節をつけて歌うように教えてくれた人もいた。

ただしこれは七、八年前までの話で、最近は「私、一ヵ月前まで大阪で走ってましたんで、京都のことはさっぱり……」と恐縮するような運転手さんばかりになった。逆にこちらが「イノダと答えるのが一般的みたいですよ。堺町通三条下ル！」と指南してしまう始末。

往年の運転手さんたちのおかげでしょうか、私たちが「京都のコーヒー」と聞いて最初に思い浮かべるのは、濃いミルクと砂糖を入れたイノダコーヒの味だと思う。

下鴨神社そばにあるカフェ・ヴェルディのオーナーは、「日本に質の良いコーヒー生豆が輸入されなかった昭和三〇年代には、あらかじめミルクと砂糖を入れてサーブするイノダのスタイルが大正解でした」と言う。

「現在の〈京都のコーヒー〉は、たとえばカフェの棚に〇〇ブレンド、タンザニア、コロンビア、マンデリン……などとたくさんのコーヒー豆が並んでひとつのお店の味を構成しているように、多種多様なお店の個性があり、それが全体として〈京都のコーヒー〉をつくりあげているのだと思います」

なるほど。飲みにくいコーヒーをミルクと砂糖でまろやかにする工夫は、苦すぎる本音をオブラートでやわらかく包む京都のご年配の方々の物言いに似ているのかもしれない。そして、お年寄りの京言葉よりもテレビの言葉を聞き慣れて育った若い人々は、ブラックコーヒーを飲み、比較的ストレートな物言いをする。

京都のカフェは、京都人の気質と言われる「伝統と革新」そのものだと思う。

昭和初期にフランスに渡り、フランスパンの勉強をしてきた人が京都大学の隣に開いたベーカリー&カフェが進々堂である。その目新しさときたら、当時の人々にとっては「金星人から作り方を教わったパン」くらいのインパクトがあったのではないでしょうか。ちょっと大げさかもしれないけれど。進々堂は現在もカフェの扉を開いて、毎日たくさんのお客さまを迎えている。学生たち、観光客、かつてここで学生時代を過ごした人々が、BGMのない静かな環境でコーヒーとともにひとときを過ごしている。京都のカフェのすばらしさは、そんな「かつての新しいもの」から「現在、新しいもの」までがひろく親しまれ、それぞれの街角に憩いを提供していること。

京都のカフェではまた、「おっちゃん」率の高さにも目をみはってしまう。私はふだん「おっちゃん」という言葉を使わないのだけれど、あの人たちはそうとしか呼べない存在。京都の空の下、鴨川は流れ、コーヒーと椅子のあるところ、おっちゃんたちはわらわらと集まる。座るやいなや、おっちゃんたちは蝶が羽根をひろげるように、かろやかに新聞をひろげる。

京都在住の人々にとっては、街の要所要所に結界が存在しているらしい。たとえば祇園のあたりでは鴨川が結界となっていて、右岸と左岸の人々は自分のテリトリーから出て橋を渡ることはしないそうだ。右岸の人は右岸で遊び、左岸の人は左岸で遊ぶ。

観光客である私たちはそのような結界としがらみをさらりと飛びこえ、歴史あるカフェから新しいカフェへと、新旧の散歩をしようではありませんか。

さて、私がこのような本を作りたいと思ったきっかけのひとつは、東京の知らない街歩きは楽しいのに、京都の知らない街歩きは意外に楽しくない、という事実を発見したからである。ガイドブックを持たずに適当な市バスに乗り、適当に降りるという京都散歩を何日か試してみて判明したのだけれど、よく知っている街で知らない場所を歩くのと、よく知らない街でぜんぜん知らない場所を歩くのとは、まるで違う体験なのだ。

ちょっとした情報があるだけで、知らない街の散歩はカラフルで立体的になる。方向音痴の私が、ひとりで京都のあちこちで迷子になりながら出会ったカフェの数々について、ささやかな伝言をお届けします。あなたの京都散歩のお役に立てますように。

秋の東京にて　川口葉子

旅の準備も、やっぱりカフェで

東京から旅立つ前に、三軒茶屋《さんげんぢゃや》のトコロカフェに立ち寄った。
そこは茶道の精神とカフェ文化を融合させた、心の通うおもてなしの空間。
カウンターの中にエスプレッソマシンと湯釜が置かれ、
店主の上村さんが端正な所作でカフェラテなどを点《た》ててくれる。
その一杯を味わいながら京都へ行くと告げると、
「うちのお店を京都だと言う人もいるんですよ」と上村さんは笑った。

東京カフェから、京都カフェを想う

文・トコロカフェ店主　上村 雅一

お店をはじめる前、京都にはまっていました。「京都」という響きに惹かれていたのかもしれません。「日本＝京都」のイメージになっているのかも。また、他国の人に「日本」を伝える際に、堂々と言えるカタチなのかも。

古き物と新しき物、古い美と新しい美、古き美味と新しき美味。そのさまざまな新旧混在のモノたちが共存し、それを誰もが体験と体感できる場所。それが

「京都」なのだと。

トコロカフェを創っていく中で、日本的な所謂《いわゆる》「和」を感じるエスプレッソのアイディアが浮かび、そのカタチが見えてきたとき、「京都」に移ろうかと考えました。あの町家の…あのお寺の…あの…側でお店ができたらと、妄想の日々。

現実には都内の少し駅から外れた、静かなトコロで営むことになったのですが、お店にいらした多くの方から「東京にいながら、京都を感じられるね」と言われるコトに驚きました。京都でないコトがマイナスでなく、むしろ「東京にいるのに→京都にいる」「東京なのに→京都みたい！」と、プラスに作用するコトに。

皆の中に「京都」のイメージが潜んでいて、その何かをお店に感じて「京都」とおっしゃるのでしょうか。国外からのお客さまも、そうでした。

「京都」は「日本」の象徴？　イメージ？　何がそう感じさせるの？　そんなコトに興味を持ちつつ、ふと思ったのでした。トコロカフェは「東京」だから、良かったのだと。

「京都」の二文字が付くことで、それはイメージ以上のモノを要求されるのかもしれません。すべての人たちにとって憧れの「京都」なのだから…と。

そう思うとやはり「京都のカフェ」に憧れます。

そこは、本物だけが生きつづける場所なのだから。

tocoro cafe（トコロカフェ）
東京都世田谷区下馬 3-38-2
http://www.tocoro-cafe.com/

一章

珈琲とエスプレッソ

新しい潮流を感じさせるカフェから
三十年以上の歴史を重ねてきた自家焙煎珈琲店まで、
どの階層にも厚みがある喫茶都市、京都。
その中から十店十色の珈琲の表情をご紹介しましょう。

01

直珈琲

京都市役所前駅

黴《かび》匂ふ古本市の美少年——これは私が小学生のとき、授業中に鈴木信行先生が黒板に書きつけた自作の俳句。先生は「いいでしょう」と悦《えつ》に入っていらしたのだが、残念ながら当時の私には、その味わいがまるでわからなかった。

直珈琲《なおコーヒー》を訪れたあと、東京へ帰る新幹線の窓から夕空を眺めているときに、そんな遠い記憶がとつぜん再生されたのには理由がある。

二〇〇八年の夏、京都・姉小路通《あねこうじどおり》で、蒐集家《しゅうしゅうか》向けの限定本で名高い湯川書《ゆかわしょ》房《ぼう》がひっそりと幕を閉じた。ご主人が亡くなられたと聞いた。しばらく空き家となっていた書房跡地に、同じ年の暮れに誕生したのが直珈琲である。店主の渡辺直人《わたなべなおと》さんがひとりでカウンターに立ち、お客さまを迎える。

河原町通《かわらまちどおり》を折れて細い姉小路通に入っていくと、直珈琲の入口のガラスごしに「開店」と書かれた珈琲豆の小さな紙袋が見える。袋が立っていれば営業中のしるし。袋が横に寝ているときは閉店している。

控えめな店構えでも、印象はたいそう鮮烈だった。最大の引力は二十六歳という若さの店主にある。その飾らないふるまいや、若々しい覇気《はき》と謙虚《けんきょ》さの同居する物言いの魅力が、京都の大人たちをひきつけてやまないようだ。お客としてお店を育てたいという気持ちになる大人もいるのではないでしょうか。

「料亭は限られた人しか行けないけれど、喫茶店は500円さえあれば誰でも来られる。その空間を自分ならどう作るかがおもしろい。大人が珈琲を飲むことのできる、今までにない空間を作りたいと思いました」

たしかに、そんなしつらいの珈琲店は見たことがなかった。楢《なら》材の清々しいカウンターの前に、椅子がわずかに六脚。土壁を彩るのは奈良時代の須恵器《すえき》から頭を垂れる白いあけびの花と、照明の濃淡だけ。自然素材を用いて潔くシンプルに徹した空間は、数寄屋造《すきやづく》りの茶室を思わせる。簡素だからこそ、ぽんと置かれるうつわの姿や、談笑する人々の姿がくっきりと浮かびあがる。

いや、風合いの近いお店を一軒だけ知っていた。移転する前の「酒陶柳野《しゅとうやなぎの》」だ。京都在住の知人に教わり、真夏の夜にそのバーを訪れたことがある。直珈琲の内装は、柳野を手がけた建築家、木島徹《きじまてつ》氏がデザインしたという。

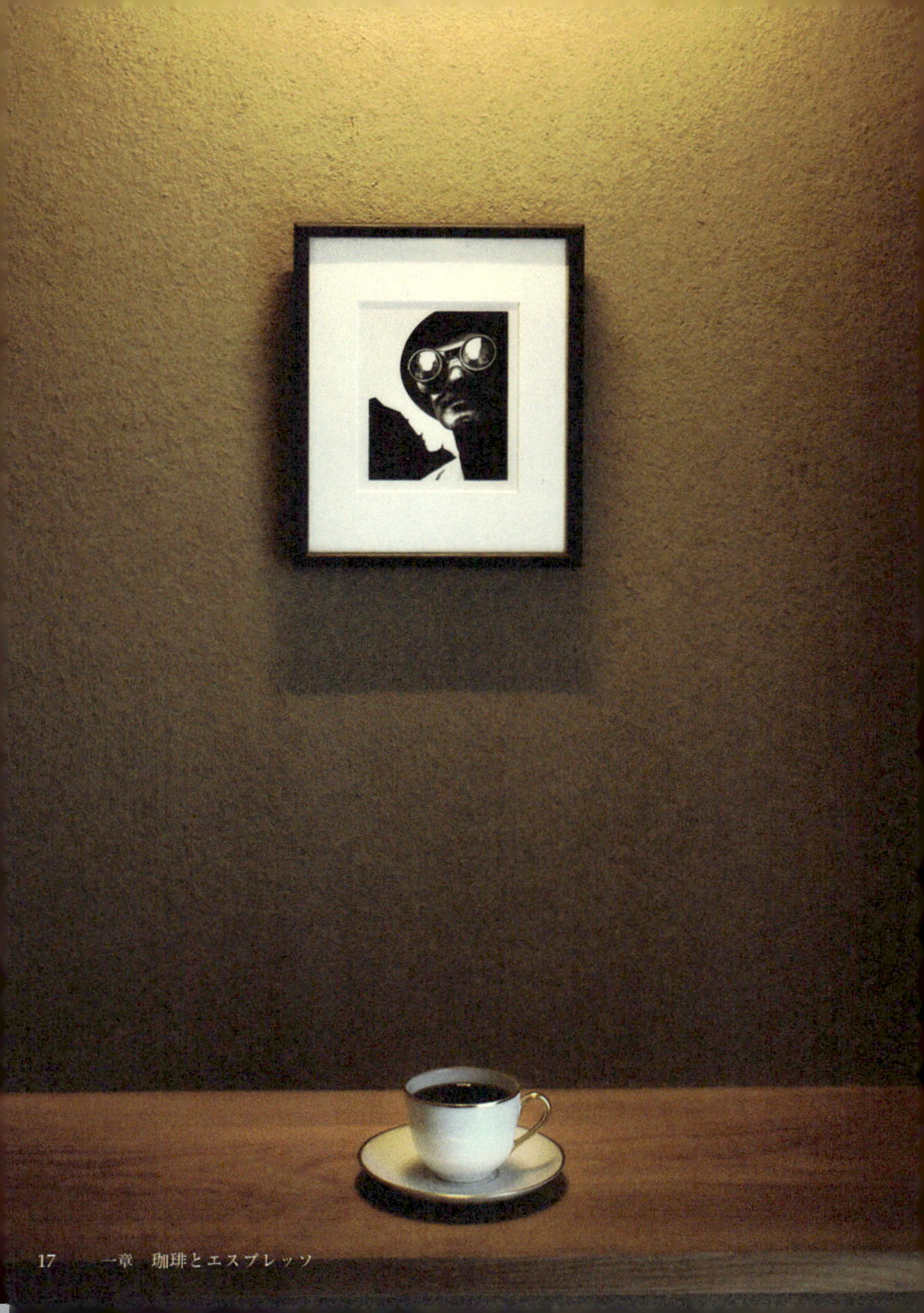

珈琲
直

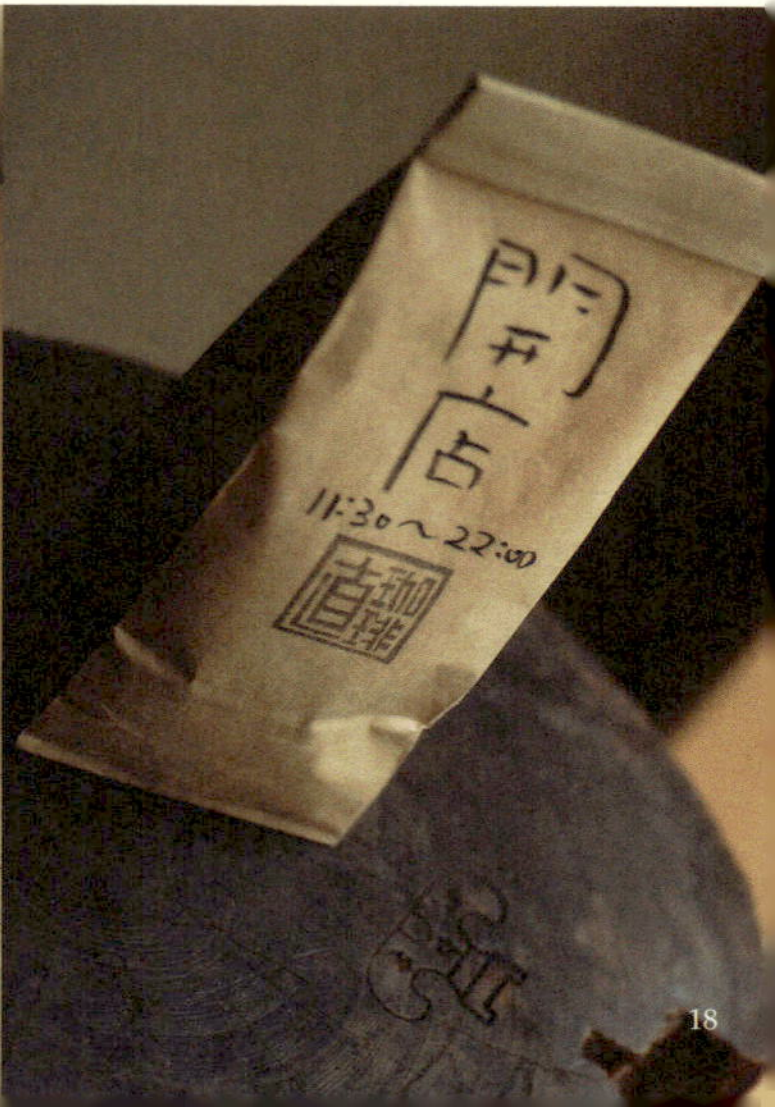
開店
11:30〜22:00
珈琲
直

カウンターと外界を隔てるために、贅沢な余白の空間が設けられている。その壁にモノクロームの写真が一枚、洗練された効果をもたらしていた。写真は渡辺さんの知人の映像カメラマンが飾る場所を指定して持参したもので、その人は写真家ユージン・スミス自身から、このオリジナルプリントを贈られたのだそうだ。

何もない空間に豊かな時間が生まれるかどうかは、店主と客人の双方の心ばえにかかっている。渡辺さんはなにげない言葉で会話の糸口を与えてくれるけれど、お客さまのほうも〝与える〟ことに秀でている人が少なくない。

初めて直珈琲を訪れたときは、骨董好きで話上手のお客さまとカウンターを共有して楽しませていただいた。彼女の前に置かれたカップをきっかけに、渡辺さんとうつわ談義が始まるのを拝聴したのだった。二度目に訪れた折には、自宅まわりの野山に珍しい花が咲いたからと、お客さまが渡辺さんに可憐な枝をおすそ分けするという、心がふわりとするような場面を見かけた。お二人とも、私よりやや上の世代に属する優雅な女性客である。三度目は少しばかり雰囲気が違った。カウンターの主役はビジネスス一ツを着た男性客で、渡辺さんも近しい様子で言葉を交わしていた。

直珈琲のカウンターはパブリックスペース。そこにはゆるやかな不文律が存在している。だから、もし観光客が写真撮影を始めたり、グループ客が自分たちだけの会話に熱中しすぎて嬌声《きょうせい》をあげたりした場合は、そっとたしなめられるはず。幸いにして、そんな場面に居合わせたことはないのだけれど。

珈琲は渡辺さんがみずから小さな直火式焙煎機で焼いている。私はとくに深煎りのブレンドに魅了された。カリタ式ドリッパーを使うドリップ方法は、倉敷の老舗喫茶店「ごじとま」のマスター直伝。渡辺さんは十八歳のとき、真空管アンプからジャズが鳴り響くごじとまに出会って、喫茶店と珈琲の奥深い魅力を知ったそう。マスターの教えは、「珈琲にはその人が出る」。だから良いテンションを保って気持ちよく仕事をすることが、おいしい一杯の秘訣なのだ。

やがて渡辺さんはイノダコーヒ支店の厨房で働きながら、自分でも焙煎の勉強を始める。その後三年間ほど喫茶店でマスターをつとめるかたわら、「直珈琲」の屋号で自家焙煎した珈琲豆を販売してきた。

「珈琲の仕事は、人が好きだということにつながっていくのかもしれません。

メニュー　ブレンド、ストレート各種500円〜、手作り生チョコレート 200円

なおコーヒー　map....p250-no.03
京都市中京区河原町三条上ル二筋目東入ル 恵比須町534-40
Tel なし　open 11:30〜22:00・close 不定休
電車　地下鉄東西線「京都市役所前」駅より徒歩3分
バス　市バス「河原町三条」下車

たとえば作家が作品を書くことで社会となにかしらのつながりを持とうとするように、珈琲で社会と接点を持っているんだと思います。こういう店はどうやねん、とお客さまに問いかけている。自分の思ったように伝わることもあるし、そうじゃないこともあります。それがまたおもしろいんですね」

ふと思いついて渡辺さんに愛読書を訊ねると、三島由紀夫《みしまゆきお》の『美しい星』を挙げてくれた。主人公が空飛ぶ円盤を目撃し、自分が宇宙人であることに目ざめるという三島らしからぬ物語だ。人間への違和感と愛。

二ヵ月後、直珈琲の扉に手をかけようとして目を疑った。入口のガラスに思いきり大きなパンダの絵が描かれていたのだ。渡辺さんいわく「数ヵ月ぶりに休んだ日に、運悪くアーティストのMさんが来て描き残していったんです。すぐに消すと、洒落《しゃれ》のわからないやつと言われそうだから（笑）」

あのパンダはもう消えたかしら。東京にいてそんなふうに直珈琲のことを思いだす愉しみが増えたのが嬉しい。珈琲の香り漂うあの小空間は、京都に輝くひとつの〝美しい星〟だ。

02

FACTORY KAFE工船

出町柳駅

やわらかく晴れた日、出町柳《でまちやなぎ》の「ふたば」で豆餅五種類を買い、鴨川のほとりのベンチでよせばいいのに全部味わってしまったあと、苦しいおなかをこなしながら南に向かった。目的地は、女性焙煎家の瀬戸更紗《せとさらさ》さんが師のオオヤミノル※さんと共同で立ち上げた焙煎所とカフェ。近年、焙煎の領域にも女性が次々に登場し、自家焙煎は開かれた親しみやすい世界に変わりつつある。

店名はもちろん労働者《プロレタリア》文学『蟹工船』の洒落で、カウンターではフィデル・カストロのポスターが迎えてくれたのだが、お店が二〇〇七年のメーデーから始動したというのは、ちょっとできすぎの偶然だとか。

KAFE工船はオオヤコーヒ焙煎所のファクトリーワークスと位置づけられている。古びた建物の二階にある町工場のような空間にこもり、瀬戸さんはおもに午前中に黙々と焙煎に集中する。趣きのある建物はもとは進駐軍の病院の倉庫だったらしい。のちにビリヤード場などに変身し、直前には京都が生んだ世

※ 59ページに掲載。

界的アーティスト集団「ダムタイプ」が事務所と稽古場に使っていた。

白い床に樹々の緑が映る〝工場〟には、独特の不思議な魅力が漂っていた。焙煎スペースにはコーヒー豆の袋と、デザインや装飾の対極にある道具たちが使いこまれた風情で並び、カフェスペースには下町の古い食堂にありそうな椅子が置かれている。もっとも、食堂の椅子の定番はアマガエル色だけれど、こちらは主張しない藍鼠色に張りかえられている。つまりはあらゆる細部において、そのようなセンスを持つ人のまなざしを感じる空間なのだ。

とりわけ心を惹かれたのは、壁に掛かる一枚の白い板だった。一見、鉱物と桜貝と羽毛を集めた美しい標本に見えたのだけれど、瀬戸さんに訊ねると、コーヒーの生豆に混じっていたものを貼ったという。これほどさまざまな異物が混入しているなんて！　そしてなにより、ハンドピックでこつこつと異物を取りのぞきながらそれらを愛でて楽しむ視線を、すばらしいと思った。

ここでコーヒーを飲みたいなら、時間に余裕のあるときにどうぞ。瀬戸さんが一人で丹念にドリップしているから、せわしない旅には向かない。

注文するときは世界地図を見ながら豆の産地を選び、ラーメンのように「こ

1542127
007/08
007/08

ってり」「あっさり」を指定するのもいいし、自分の体調や好みを伝えるのもいい。こまやかに対応してもらえる。味のとらえかたや好き嫌いに正解はないのだから、身構える必要などない。「私はモカには鉛筆の芯のような匂いを感じます」「マンデリンはごはんが炊ける匂いがしませんか」などと、瀬戸さんのわかりやすい言葉が想像力を刺激し、感覚を拓《ひら》いてくれる。コーヒーの苦手な人も、ひと口飲んでみればその口あたりの良さにびっくりすると思う。

「コーヒーの間口をひろげたい。知識のない人でも気軽にコーヒー店に入って、飲みたいものを自分で選べる状況が作れれば、と思っています」

瀬戸さんはアーティストではなく職人をめざすオオヤさんの仕事ぶりに共感を寄せている。お客さまが目の前にいてこその仕事。培ってきた技術で、お客さまの希望にどれくらい寄り添えるかを大切にしたいと話してくれた。

私が注文した「こってり」は、金沢在住のガラス作家、辻和美《つじかずみ》さん作のグラスに注がれた。口中にたちこめるまろやかな酸味と、甘みを含んだ苦みのなんと力強く芳醇《ほうじゅん》なこと。ひと口ごとに、鼻の穴から香りが外に溢れそうだった。

コーヒーやお茶によく合うクッキーやブラウニーなどのお菓子は、品質の良

メニュー　コーヒー各種500円〜、ケーキ400円〜

い材料を用いて、オオヤさんの奥さまが手作りしている。

かつて瀬戸さんは伝説の喫茶店「パチャママ」で一年間アルバイトをして、喫茶文化を体現するその空気に強く心を動かされたという。

「喫茶店やカフェは都市ならではのものだと思います。仕事も嗜好《しこう》も違う知らない者どうしが隣りあわせてコーヒーを飲みながら、自然につながったり離れたりするおもしろさ。パチャママではそれが目の前でおこなわれていました」

その喫茶店のマスターがオオヤさんだったことから、縁が生まれた。

KAFE工船には、焙煎の先人たちへの深い敬意がある。東京富士製の旧型の半熱風式焙煎機を使っているのも、ひとつにはそのため。「昔ながらの焙煎をしてきた人々が使う焙煎機です。オオヤは先輩たちの仕事をすごく勉強してきたので」と言いながら瀬戸さんが焙煎機を回す光景に、目を丸くしてしまった。タイミングを見はからって、瀬戸さんは豆から飛び散るチャフと呼ばれる薄皮を、専用の掃除機でひとつ残らずきれいに吸いとるのだ。その面倒な作業が三度、根気よくくり返された。うーん、もしかしたら蟹工船という洒落は、一%くらい本気だったのではありませんか。

ファクトリーカフェこうせん　map....p247-no.01
京都市上京区河原町通今出川下ル梶井町 448 清和テナントハウス 2F G 号室
Tel 075-211-5398　open 12:00 〜 20:00　close 火（祝日の場合は営業）
電車　叡山電鉄・京阪電鉄「出町柳」駅より徒歩 5 分
バス　市バス「河原町今出川」下車

03

六曜社 地下店

京都市役所前駅/三条駅

一九五〇年に現在の店主、奥野修《おくのおさむ》さんの両親が開いた喫茶店。二代目として引きついで以来、奥野さんは二十年にわたって休むことなく、闘病生活のあいだでさえカウンターに立ちつづけてきた。その奥野さんを敬愛してやまない京都のカフェオーナーから、秀逸な〝ドリップ伝説〟を聞いたことがある。

ある日、彼はドリップの秘訣を学びたいと、六曜社のカウンターに座って食い入るように奥野さんの手もとを見つめていた。すると奥野さんがコーヒー粉にお湯を注ぎいれる途中で、一瞬ポットの向きを変え、お湯を流し台に注ぐのが見えた。なるほどこれか！　と思い「お湯を少し捨てるのがコツなんですね」と話しかけると、奥野さんはすました顔でこう答えたというのである。

「いえ、流し台に小さな虫がいたので、お湯をかけただけです」

ことの真偽をご本人にたしかめると、奥野さんはにやりとした。

「コーヒーの仕事はまず、地球という星があるというところから始めないと、

六曜社コーヒー店
SANJYO KAWARAMACHI

ドリップの一部分だけを切りとって勉強しても意味がないと僕は思ってる。だから真剣な顔で僕の手つきを凝視している人がいるなと気がつくと、ついよけいなことをやってみせたくなるんやね（笑）」

そんなわけで、実際に流し台にいたのは形《けい》而上《じじょう》の虫だったようだ。

地球という星の上に生きる人々は全員が平等であってほしい、と奥野さんは考えている。世界は奪う側と奪われる側に分裂してしまったけれど、自分はコーヒー農園で安い賃金で働いている人々と同じだけの労働をしたいという思いから、時間をかけて丹念なハンドピックをおこなう。夜七時、お店での仕事が終わってから、南禅寺にある実家のそばに建てた焙煎小屋にこもり、焙煎機につきっきりで豆を焼く。心がけているのは、豆の持ち味をきれいに引きだすこと。ドリップするときには、「透明感のあるものを、純度を高めた状態の濃さで」抽出する。イメージは、澄んだコンソメスープ。

けれども奥野さんは、こだわりのコーヒー専門店として至高の一杯を供するのではなく、本を読む人や映画帰りに立ち寄っておしゃべりする人々に使われる、ごくあたりまえの街角の喫茶店でありたいと願っている。そのかたわらに

メニュー　ハウスブレンドコーヒー450円、ドーナツ100円

ろくようしゃ　ちかてん　map....p250-no.03
京都市中京区河原町三条下ル大黒町 36
Tel 075-241-3026　open 12:00 〜 18:00　close 水
電車　地下鉄東西線「京都市役所前」駅、京阪電鉄「三条」駅より徒歩 4 分
バス　市バス「河原町三条」下車

置かれる一杯のコーヒーがおいしければ、と。

コーヒーと音楽は、奥野さんの中で分かちがたく結びついているように見える。六〇年代後半、関西でメッセージ性の強いフォークシンガーたちが活躍した時代に、奥野さんは十五歳でギターを購入して歌いはじめた。

「僕は『休みの国』というとても良いバンドをアイドルにしてきて、彼らの歌から生き方を教わった。〝人マネなんかしてちゃだめだ〟とかね」

高《たか》田渡《だわたる》※などもよく聴いたそうだ。音楽は高校時代の奥野さんを東京・山谷《さんや》にも向かわせた。もしかしたら、ある時代を生きた人、ある音楽を血肉として聴いた人にしか身に沁みて実感できないことがあるのかもしれない。それらの体験と内省が奥野さんを支え、毎日の地道な仕事を誠実に続けさせる。

コーヒーに関わる仕事をしている人々が全国から六曜社を訪れるのは、それぞれが「続ける理由」を探してのことだと思う。そして、地元の人々に混じってコーヒーを飲みながら、淡々とコーヒーを淹れる奥野さんの背中に向かって心の中で何かを問いかけたり、答えらしきものを勝手にみつけたりして帰っていく。六曜社地下店、それは〝喫茶魂〟の種火のような存在なのだ。

※フォークシンガー。『コーヒーブルース』ではイノダコーヒが歌われている。

04

小川珈琲 京都三条店

三条駅

小川《おがわ》珈琲《コーヒー》の創業者は太平洋戦争でラバウルに出征し、現地でコーヒー栽培に携わったのをきっかけに、戦後、京都でコーヒーの卸売り業を始めた。五十年後の二〇〇八年秋、その老舗が一躍脚光を浴びることになった。バリスタの岡《おか》田《だ》章宏《あきひろ》さんが「ジャパン バリスタ チャンピオンシップ」に出場し、全国から予選を勝ち抜いてきたバリスタ百五十三名の頂点に立ったのだ。岡田さんは大会中、その男前ぶりと愛嬌たっぷりの個性でも観客を魅了したらしい。

バリスタという新しい言葉がひろく認知されるようになったのは、つい最近のこと。老舗のコーヒー店とエスプレッソ文化の組み合わせは、京都の気風と言われる「伝統と革新」をそのまま体現したかのようだ。

京都三条店を訪れ、さっそく岡田さんにデザインカプチーノを作っていただいた。それは思わず見惚れるような光景。粋なデザインのシャツにベストを身につけた岡田さんが、銀色に輝くチンバリ社のエスプレッソマシンの前に立

ち、なめらかになれた動作でエスプレッソを抽出していく。そのカップに、きめ細かく泡立てたミルクを揺らしながら注ぎ入れる。完成するまでは何が描かれるのか見当もつかなかったのだけれど、仕上げにミルクをふくませた小筆がそっとひと振りされると、カップの中に飛沫をあげる荒波と富士山が見事な姿をあらわした。富嶽三十六景！

デザインはどこから発想するのですかと訊ねると、実家が室町で呉服店を営んでおり、幼いころから和の図案に親しんできたという。いかにも京都らしい環境だ。

「エスプレッソはコーヒー豆を挽き、お湯を注ぐだけの単純な飲みもの。でもそのシンプルな過程から、複雑で豊かな味が生まれます。わずか30秒間で人を魅了するんです」と岡田さんは語る。瞬間を永遠に。エスプレッソは俳句と似ているのかもしれない。

彼がバリスタを志したのは、島根のカフェロッソの名バリスタ、門脇《かどわき》洋之《ひろゆき》さんの記事を雑誌で読んだのがきっかけ。当時、岡田さんは小川珈琲でアルバイトをしていたが、メニューにエスプレッソはなかった。

「あのころ、関西にバリスタと呼ば

れている人はまだいなかったと思います」

東京のバリスタや評判のお店をあちこち訪ね歩き、上司にエスプレッソマシンの導入を提案。二〇〇四年に社員として小川珈琲に正式に入社した。熱意ある提案が老舗に受け入れられたのだ。それからの一年間は、エスプレッソマシンとともに一人で本社の厨房にこもり、朝から晩までひたすら実験をくり返してデータをとる日々。その探究は「まだまだ奥深くて楽しいので、これからも続けていきます」

自分の仕事を天職と思える人は、とても幸運だ。迷うことなく仕事に情熱を注ぎこめるから。岡田さんはバリスタが天職だと言う。エスプレッソの探究が好き、その魅力を人に伝えるのが好き、接客が大好きと、三拍子そろっているのだ。カウンターでいきいきと活躍する岡田さんの確かな技術と、魅せかたを心得たサービス精神が、たくさんのお客さまを喜ばせている。

彼の「さわやかな笑顔を見たいと思ったら」(と、本人)、金曜日の午後に訪れるのが確実。全国で後輩の指導にあたるなど多忙な日々を送っているのだ。岡田さんと小川珈琲の目標は「日本のエスプレッソをおいしくしよう!」

おがわコーヒー　きょうとさんじょうてん　map....p250-no.03
京都市中京区三条通河原町東入ル 中島町 96-2
Tel 075-251-7700　open 9:00 ～ 21:00、金土・祝前日 9:00 ～ 22:00　close 無休
電車　京阪電鉄「三条」駅より徒歩 2 分
バス　市バス「河原町三条」下車

メニュー　カプチーノ 550円、コーヒー 440円、エスプレッソ 250円

Champion
Japan Barista Championship '08-'09
SCAJ
日本スペシャルティコーヒー協会
THURSDAY, OCTOBER 16, 2008
2nd Place

Meister-10

05

caffé Verdi 北大路駅

下鴨神社をふかぶかと包む糺《ただす》の森。清流に手をひたし、手のひらが水の甘みを感じとることに驚いてしまった。それから十五分後、私はカフェ・ヴェルディのカウンターに座り、今度は鼻と舌でヴェルディブレンドの快いほろ苦さを楽しんでいた。ここには理想的なコーヒー案内人、続木義也《つづきよしや》さんがいる。

良い案内人には条件がある。コーヒーの正確な知識と豊富な経験を持っていること。それらを整理して系統だてていること（未整理の情報は聞く人を混乱させてしまう）。相手のレベルに合わせた説明ができること。続木さんはこれらすべての条件を満たしているうえに、食いしん坊向きの食べ歩き情報も持ちあわせている。旅行者にとって、またとないコーヒー案内人でしょう！

店内は親しみやすい内装でまとめられ、地元のお客さまでにぎわっていた。奥には高品質の生豆の袋が山積み。続木さんはそこで焙煎機を回す。

「お客さまそれぞれのマイ・ベストを探していただきたい」と、コーヒーはブ

カフェ・ヴェルディ　map....p247-no.01
京都市左京区下鴨芝本町 49-24 アディー下鴨 1F
Tel 075-706-8809　open 8:00 〜 19:00　日祝 8:00 〜 18:00
close 月（祝日の場合は営業、翌日休み）
電車　地下鉄烏丸線「北大路」駅より徒歩 15 分
バス　市バス「一本松」、「洛北高校前」下車

レンドからストレート各種まで二十七種類、浅煎りから深煎りまでまんべんなく揃えてあった。中には、お店を訪れるたびに違うコーヒーを楽しんで二十七種類のすべてを味わいつくし、それを何周もくり返している人もいるそうで、「前回はあの豆を飲んだから、今日はこちらにしますか？」と提案できるように、よく訪れる人が何を注文したかを書き留めている。

しかし、「百人のお客さまがいれば、コーヒー一杯に熱い想いを抱いて話しかけてくれるのはそのうち五、六人だけ」続木さんは冷静にそう分析する。

「それでも、九十五人のサイレントな人の存在を忘れてはいけないんです」

評判のお店のコーヒーを飲み、「自分にとっては苦いだけだった」とがっかりしているお客さまに、浅煎りをすすめて喜ばれたりしているそうだ。

「でも、人間はコーヒーで生きているわけではありません。コーヒーは嗜好《しこう》品。どこまでいっても助演男優賞どまりで主演にはなれない（笑）。だから、いかに飲む人のストーリーの良き小道具になれるか」と続木さん。

「完成度の高い小道具は、ストーリーを引き立てるでしょう？」

このバランス感覚と素敵な比喩も、理想的な案内人たる所以《ゆえん》。

メニュー：　ヴェルディブレンド 450円、バラエティトースト 400円

06

珈琲工房てらまち

二条城前駅

商店街に面した二階建ての京町家。扉を開けると、京都でまだ二台目という名物・ドイツ製の熱風式焙煎機が迎えてくれた。大きなガラス箱の中に輝く美しい機械が、焙煎しながらチャフという珈琲豆の薄皮を勢いよく吸いあげ、店主の寺町靖之《てらまちやすゆき》さんが求める「スモーキーじゃない、ピュアなおいしさ」を作りだす。ガラスごしの光景は、小さな香ばしい錬金術のよう。

二階をのぞくと大きなソファやお

メニュー　ハウスブレンド400円、ケーキセット700円

座敷があり、若い母親たちの集団がなごやかな会話を楽しんでいた。地域の人々に愛されるお店なのだ。
一階のカウンター席で珈琲とサンドイッチを楽しんでいるあいだにも、心がほかほかする二つの場面に遭遇することができた。
ひとつは、腰をかがめた高齢の女性が入ってきて、紫陽花の鉢植えを寺町さんにプレゼントする場面。もうひとつは、女性客が「家が小銭だらけになって……」とこぼしたら、寺町さんが「小銭は大歓迎。いつでも両替しますよ」と応じた場面。聞けば、すぐそばの公園の路地にお地

コーヒーこうぼうてらまち　map....p252-no.04
京都市中京区三条通大宮西入ル上瓦町 64-26
Tel 075-821-6323　open 9:00 〜 21:00、土日祝 8:00 〜 20:00　close 不定休
電車　地下鉄東西線「二条城前」駅より徒歩 5 分

蔵さまが祀《まつ》られており、町内会で清掃をしているという。ほうきが回ってきた家がお当番。賽銭箱《さいせんばこ》も管理するので小銭だらけになるのだ。京都の町々は数千体ものお地蔵さまに見守られており、夏には町内会ごとに「地蔵盆」がおこなわれる。そんな話題はこのお店にたいそう似つかわしかった。町の人々のための珈琲相談所でありたいと語る寺町さん。お店にはその人柄が作りだすあたたかで気さくな空気が満ちていて、老若男女が憩いの時間を過ごしていた。

「理想の珈琲というのはありません。個人的に好きなのは後口のすっきりした、尾をひかない珈琲ですが、嗜好品ですから、お客さまのお口にあうものを自信をもってお選びします」と、どんなリクエストにも細かく応じている。

世の中にこれだけ珈琲の情報が溢れるようになっても、受ける質問は昔から変わらないそうだ。「買った豆の保存方法は?」「おいしい淹れ方は?」――そんな人々のために、販売スペースは対面式ではなく、豆の前に並んで「いっしょに探しましょう」というスタイル。この商店街の人々は、てらまちの登場によって〝おいしい珈琲のある日常生活〟に恵まれるようになったのだと思う。小さなお地蔵さまもきっと、てらまちの存在を喜んでいるはずだ。

07

SOU・SOU しつらい

河原町駅

このスペースで、京都が秘める底力と遊び心をかいま見せてもらったような気がする。SOU・SOUは「日本の伝統の軸線上にあるモダンデザイン」を発信する京都のブランド。新京極《しんきょうごく》の路地裏に、ジャンルの異なる複数の店舗を集合させている。その中の一軒、「しつらい」と名づけられたオリジナルテキスタイルとオーダー家具ショップの二階奥に、静謐《せいひつ》な喫茶空間が設けられていた。その発想の新鮮さと、余裕のある心もちには感嘆するばかり。

美しい空間は茶人・木村宗慎《きむらそうしん》さんのプロデュース。オリジナルの椅子と柳《やなぎ》宗理《そうり》のバタフライスツールが並んでいる。珈琲抽出方法の考案・指導はカフェ・ヴェルディ※の続木義也さん。

まず、珈琲を淹れる光景に目をみはってしまった。スタッフの高橋雄二さんが白木のカウンターに対座して珈琲を淹れるようすは、茶道のお点前そのもの。風炉《ふろ》の上に釜がしつらえてあり、高橋さんは指先にまで神経をいきわたら

※41ページに掲載。

メニュー　珈琲450円、お抹茶と和菓子840円

長久堂

長久堂

せて柄杓でお湯を汲みあげる。そしてなんと、湯冷ましのうつわに珈琲の粉とお湯をいっしょに入れて、いとも優雅にかき混ぜてしまうのだ。その液体をしずしずとペーパードリップしてから、マイセンの器に注いで完成。びっくりするでしょう？　飲んでみれば、まろやかで雑味のない珈琲。

月ごとの和菓子もまた、たっぷりと手間と愛情のかけられた贅沢なものだった。毎月、ＳＯＵ・ＳＯＵが季節感豊かなテキスタイルをデザインし、京菓子の老舗、長久堂が図案の通りに和菓子を作りあげる。六月は涼しげな紫陽花と雨がモティーフだった。壁を見れば、手ぬぐいの中に紫陽花が咲き、目の前では和菓子の上に同じ色とかたちの花がみずみずしく開いている。そして、和菓子の下にはまたもや同じ図案の絵葉書が一枚さしこまれている。お菓子を楽しんだあとに持ち帰ることができるのだ。

こんな手のこんだ美しいものたちが、わずか五席の看板も出さない喫茶空間のためだけに、毎月意匠を変えて用意されているなんて！　しかもそれは限られた人のものではなく、旅行者にもあたたかくふるまわれる。わずか二十分ほどの喫茶の時間に、京都の懐の深さを感じたのだった。

そうそうしつらい　map....p250-no.03
京都市中京区新京極通四条上ル 中之町 583-6　SOU・SOU 着衣 2F
Tel 075-212-0604　open 13:00 〜 19:00　close 水
電車　阪急電鉄「河原町」駅より徒歩 5 分
バス　市バス「四条河原町」下車

08

自家焙煎珈琲ガロ

鞍馬口駅

西陣の名所のひとつは船岡温泉《ふなおかおんせん》という銭湯。脱衣所のとてつもなく豪華な欄《らん》間《ま》やタイルは大正時代のまま残されており、ガロで珈琲豆を買いもとめるついでに立ち寄り、フロントで340円を支払ってお湯につかれば、自宅に戻って珈琲を淹れたときに、カップの湯気のむこうに銭湯の湯けむりが浮かんでくるかもしれない。喫茶散歩好きには悪くないコースだと思う。

小さな町家の一階にガロがある。面積のおよそ半分は珈琲豆の入った木樽の列と、蒸気機関車を思わせる黒エナメル塗装の素敵な焙煎機が占めていた。カウンターにはサイフォンが並び、その手前に珈琲をいただけるベンチがある。

サイフォンは誤解されがちな抽出器具だ。珈琲に詳しくない人は昔ながらの喫茶店にサイフォンが並んでいるのを見ただけでまぶしがるし、珈琲に詳しい人は「サイフォンではコクが出ない」と敬遠する傾向にある。

店主の三浦志津夫《みうらしづお》さんが「プロの技術があれば、サイフォンでコクと香りが

メニュー　ブレンド 420円〜

CafeGARO

MOUNTAIN
COFFEE

GARO

じかばいせんコーヒーがろ　map....p253-no.06
京都市北区紫野南舟岡町 71-27
Tel 075-431-8657　open 10:30 ～ 23:30　close 月
電車　地下鉄烏丸線「鞍馬口」駅より徒歩 20 分
バス　市バス「大徳寺前」下車

表現できるんだよ」と点ててくれた一杯は、きちんと味にふくらみがあって、いささかも物足りなさを感じさせなかった。肝心なのは温度だという。温度が高すぎると渋みやえぐみが顔を出すし、低すぎれば酸味が強くなるので、八三〜八六度に調整して最良の上澄みのエキスと香りを抽出する。

三浦さんは三十二年前に京都・北山でガロをオープンした。二千五百冊の漫画を揃え、青林堂の『月刊漫画ガロ』から店名をつけた。五年前に町家暮らしをしたいと西陣の地に移り、築七十年になる町家を改装して一階を豆の販売と喫茶のスペースに、二階を「西陣でいちばん小さな」ライブスペースにしている。

「珈琲豆はリズムを刻んでいる」と三浦さんは言う。焙煎後の三、四日間は、樽の中から時おり珈琲豆が弾ける音が聞こえるのだと。ほら、とうながされて耳をそばだてると、本当に聞こえた。珈琲豆の香ばしいビ・バップ。

家でもおいしく飲んでほしいと、親切に淹れ方を教えてくれる。「手挽きのミルを使うなら、一定の速度《テンポ》で回すこと」、これも貴重なアドバイスのひとつ。速度が乱れると粉の細かさにばらつきが出てしまうそう。良い珈琲は良いリズムとテンポから作られるのだ。

「週末の旅人」とは、なんて想像力をかきたてる店名！　オーナーバリスタの金子さんは「カフェ・ド・フロール京都店」で働き、当時のカフェの空気を体に沁みこませた。フロールは九〇年代の東京にパリの伝統的カフェ文化を布教した老舗で、京都店誕生のときもパリ本店からギャルソンたちが来日し、一ヵ月のあいだ伝道にあたった。東京にも京都にもフロールはもはやないけれど、あの空気を記憶する人は、カフェの魅力のなにがしかを知っていると思う。

やがて金子さんはダンスホールだった建物の一室にカフェを開き、エ

09 weekenders 元田中駅

ウィークエンダーズ　map....p247-no.01
京都市左京区田中里ノ内町 82 藤川ビル 2F
Tel 075-724-8182　open 12:00 〜 22:00　close 水
電車　叡山電鉄「元田中」駅より徒歩 1 分
バス　市バス「叡電元田中」下車

メニュー　エスプレッソ 250円、カフェマッキャート 300円、今週のランチ 950円

スプレッソへの傾倒を強めていく。

「僕が好きなのは、ひと粒のチョコレートの中からもうひとつの違うチョコレートがあらわれるようなエスプレッソです」

　すばやく飲み干すのが流儀のエスプレッソにも、重層的な味の変化があるのだ。最初のひと口が苦くても、やがて果実を思わせる魅力的な酸味がひろがり、余韻が豊かに続くのが金子さんの理想の味という。完璧な一杯をめざして、島根の名店カフェロッソが焙煎した力強い豆を使い、ラ・マルゾッコ社の高性能マシンで抽出している。

10

珈琲 伽藍

北山駅

「自立した大人が素《す》に戻るための珈琲」を供する空間として一九九九年にオープンした。

内装は正統派の珈琲店スタイル。暗褐色の艶やかな木のカウンターにヨーロッパ名窯のカップをそろえ、このお店を愛する書家・上《うえ》田《た》普《ひろし》氏の書が壁面を飾っている。

神戸の萩原《はぎはら》珈琲の深煎り豆を独自にブレンドした珈琲は、店主の平山さんが一杯ずつドリップしてくれる。ジャズの漂う店内から出て外の空気を吸いこんだ刹那、口の中に珈琲の香りが再びふわりとたちのぼる——そんな幸福な瞬間が味わえる。

コーヒーがらん　map....p253-no.07
京都市北区上賀茂今井河原町 10-68 Virgo 北山 1F
Tel 075-791-1511　open 11:00 ～ 22:00　close 月＋第 2・4 火
電車　地下鉄烏丸線「北山」駅より徒歩 10 分
バス　市バス「北山橋東詰」下車

メニュー　オリジナルブレンド 800円、チョコレートケーキ 500円

京都の喫茶店の魅力ってなんだろう？

対談：奥野修×オオヤミノル

京都の珈琲を語るとき、必ず名前が挙がるのが奥野修さん。
近年はそこにオオヤさんの名前が加わり、
京都喫茶事情はさらに魅力を増したように見える。
カフェで働く人々が全国から六曜社地下店を訪れては、
カウンターに立つ奥野修さんの姿から静かな勇気を得ている。
（喫茶店とカフェは、街角でカップ一杯分の憩いを提供する
という役割においては同じものだと思う）
また、多くのカフェがオオヤさんの焙煎した珈琲豆を使いたがったり、
オオヤさんをイベントに招いたりしている。
お二人にお願いして、日ごろ考えていることをお話しいただいた。
三月のある朝、六曜社地下店にて。

王道はイノダのサービス

奥野修（以下修）　京都には昔からあってくつろげる喫茶店が多いやん。それはラッキーやなと思う。僕は「珈琲はうまいほうがいい」という理由で自家焙煎してるんやけど、べつに珈琲専門店をやりたいわけじゃなくて、喫茶店がやりたいのね。

オオヤミノル（以下オ）　喫茶店といえば、高校生時代はアルバイトのお姉さんをどうやってデートに誘うか、みたいなのもありました（笑）。

修　看板娘に惚れちゃって通いつめるっていうのは、よくあったね(笑)。

オ　喫茶店はヨコシマも大事。

修　そう。今は、喫茶店めざして喫茶店に行っちゃうやろ。

オ　本来ならレコード屋さんでレコード買って、そそくさと喫茶店に来て、適当に注文して。

修　そう、早くレコードの解説読みたいから珈琲飲むんや、みたいなのがあった。僕はそういう珈琲を出すのが理想やね。

奥野修（おくのおさむ）
1952年生まれ。自家焙煎珈琲店「六曜社地下店」のマスター。フォークシンガー「オクノ修」としての活躍でも知られ、『ランベルマイユ コーヒー店』などの名曲がある。

オ　京都の喫茶店はまだ比較的、世代交代がうまくいってる気がしますね。

修　うん。彰郎さん[※1]時代のイノダ[※2]の若い人たちが自分の店を持って、何軒かあるけどいい感じやね。たとえば、はしもと珈琲[※3]は朝、初老のご夫婦がモーニングを食べに来るような場所になってる。前田珈琲[※4]もイノダの先代に薫陶を受けた人が立ち上げてはって、初期イノダのサービスの精神を社員がちゃんと教わってはる。前田珈琲はいまだに社長が出前に行かはったりするわけ。

オ　いいですね。「京都の珈琲の味」で思い出すのは、カミ家珈琲や静香[※5]のような珈琲。今の若い焙煎家が全然焼かへん味ってあるじゃないですか。あとはクンパルシータ[※6]とか。

修　静香のおじさんが焼いてた時代の味は、京都風と言えるかもしれないね。当時の喫茶店はブレンド志向で、5種類くらいの豆を焙煎度合いを変えて混ぜてるのが多かった。で、ブレンドの配合は秘密っていう。

オオヤミノル

1967年生まれ。京都ローカル・アーティストに愛された伝説の喫茶店「パチャママ」のマスターを経て、「オオヤコーヒ焙煎所」を営む。ギタリストとしてバンド活動もおこなう。

※1　イノダコーヒに50年間勤務したコーヒー職人、猪田彰郎さん。
※2　76ページに掲載。
※3　154ページに掲載。
※4　189ページに掲載。
※5　100ページに掲載。
※6　1946年に木屋町にオープンしたタンゴ喫茶。2008年閉店。

オ　昔、静香のおかあさんに怒られましたもん。なにブレンドしてるんですかって聞いたら、「あんた、そういうもんは、聞くもんと違う！」（笑）。だから六曜社に行ったとき、ブレンドの中身を教えてもらって驚きました。修さん自身はどんなお店に行かはるんですか？

修　僕は15分ぐらいぼーっとしたいと思ったときは、イノダに行っちゃうね。

オ　やっぱり、イノダが王道ですよね。

修　うん、珈琲なんか一種類だけでもかまわないと思う。ミルク入れるか入れないか、薄いか濃いかの選択肢があれば。なんとか農園の何クラスの豆がどうのっていう話は鬱陶《うっとう》しいね。僕は日本酒が好きなんやけど、流行の日本酒の店って、なんとか米を何％磨いて、麹《こうじ》は何でっていう話ばかりで、珈琲屋と同じことになってる。僕は「酒」ってひとこと言えばちゃんといい純米酒が出てきて、ああだこうだ言わずに飲んでるのがええ。

オ　それは喫茶店の理想ですよ。「マスター、パンと珈琲」って言われて。

修　だから、イノダみたいなスタイルがいいね。

オ　イノダには、珈琲がおいしい時間を見つけるという楽しみ方もありますね。ある時間帯がうまいとか、客の出入り具合を見きわめて「今、

いけるな」とか（笑）。

修　昔やったら、円形カウンターに座って、二杯目を飲むのに淹れたてを待ってる人がいたりね。

喫茶店を始める前に必要なこと

オ　伝説の店の雰囲気って、お客さんが勝手に作っちゃうパターンも多いのかなって、美美[※7]に行って思いました。マスターがお年を召されて丸くなられたせいもあるんでしょうけど、僕らがずっと噂に聞きつづけていた、糸が張りつめたような緊張感はない。

修　いや、美美は最初から糸は張りつめてないよ。

オ　そうですか。ネルドリップはお客さんに、そういう感じを与えやすいんでしょうね。KAFE 工船[※8]では、大きなパフォーマンスをやらへんように言ってるんです。お湯を冷ますのに、必要以上に高いところから注いだらあかんと。お客さんが並んでると、無意識に高いところから落としがちです（笑）。いい店のマスターは、パフォーマンスを抑え気味に仕事しはりますよね。でも、自然にお店の空気を作っていけるマスターは少なくなってる。

修　それはなんでかって言うたら、珈琲の仕事を始める前に、僕らは世の中で他のものを覚えてきてるやん。反体制運動とか、革命や哲学と

※7　珈琲美美。福岡市にある有名な自家焙煎珈琲店。
※8　22 ページに掲載。

か。それを経験したあとで珈琲の世界に入ってきてる。今の若い焙煎屋さんで物足りないのは、そういう部分。だからスタイルから入った、セレクトショップみたいな店が多い。イノダのサービスはカフェの伝統をふまえて、街のカフェはどうあったらいいかっていうところから始まってるわけやろ。それは文化を支える場所だという気概があるから。

オ　うちのおやじが喫茶店好きで、よく話してたのはフランソア[※9]のこと。あそこは戦時中は共産党系の劇団の人々のたまり場で、警察が来るとお店の裏から逃がしたっていう。

修　そう、必ずそういう文化に寄り添ってる。うちの店はカウンターにジャンゴ・ラインハルトのジャケットが飾ってあるけど、僕はそこに気を持っていってくれる人のほうが、珈琲豆のことを聞く人より好きやね。「今流れてるギターは誰が弾いてるんですか？」とか。こんないいギターを弾く人はどんな生き方したんだろう、というふくらみが出てくるじゃない。そこからなにがしか啓示を受けることもあると思うね。

日曜日よりも平日を！

オ　珈琲の生産国には、伝説の加工職人とかいるはずやないですか。もしそういう人々がリスペクトされたら、伝説の親方と修さんが直接話せ

※9　70ページに掲載。

たりするかもしれない。それで親方が「よっしゃ！　おまえが一番焼きやすいように、豆、乾かしたったわ」と言って生豆を送ってきたり（笑）。

修　そうなったらいいね（笑）。産地のそういう人とは引き離されてるけど。だから、珈琲豆の格付けやバリスタコンクールのような部分ばかり注目される。

オ　そうですね。喫茶店くらい自分の好みで選べばいいのに、たいていの人はコンテストのようなものを信用しがちですね。

修　世の中が、イベントや日曜祝日で経済を盛りたてようとしてるからね。本当は平日で経済が成り立ってなければおかしいやん。それはバリスタチャンピオンがいないと、バリスタの仕事が成り立たないのと同じやね。

オ　ああ、そうですね。アメリカではたいがいの人がヒップホップを聴いてるけど、それでもブルースを聴いてる人が16歳でも60歳でもちゃんといて。街のブルース名人が歌うときは、その人たちが聴きたがるって

いう状況がいいなと。
修　昔のブルースマンは職業からあだ名がついてた。自動車工サムとかね。つまり、みんな働いてたんやな。僕の歌も平日に働いてる人間の歌で、店に立っていることに歌の発端がある。
オ　なるほど。喫茶店の話に通じるんですけど、音楽で日常を非日常に変えようと欲する人って多いじゃないですか。あるスタイルをなぞれば、誰でも日常を非日常に変えられる。僕はそれがしゃくにさわる。僕がOK[※10]で演奏してたとき、お金もらうのはいっさいやめてたんです。「アマチュアにしかできひんことがある。お金では動かへん。そのかわりカネ的に責任はとらへんぞ」って。

東京の喫茶店は……

修　東京に行って電車から降りて一服したいなと思っても、街に一軒は必ずなきゃあかん店がないのね。六〇年代の新宿なんか、選択に困るくらいいい喫茶店が何軒もあったよ。僕にとって理想の「喫茶店」は風月堂[11]なんだけど、それ以外にも、言うたらスマート珈琲[12]みたいないい店がたくさんあった。普通に珈琲がうまくて、僕らが日雇い仕事にあぶれたら、親方が「じゃあ珈琲飲んでいけ」って連れていってくれたような店が、もう一軒も残ってないね。

オ　東京だと、アンクルブブ[13]には行かはったことあるんですか？

修　このあいだ「ブブで珈琲飲んでました」っていうお姉さんがここに来て、マスターが亡くなって豆を買う店がないと言うので、「ブブのおじさんはうちではインドを飲んでましたよ」と言ったら、インドの豆を持って帰らはったけど。

オ　そういうのも含めて、ブブっていいですね。喫茶店然とした世界を持ってはりました。東京の巨大公共施設はシステムを変えようとしてますね。ベルク[14]とか、本[15]読みましたけど、なるほど東京の現状を一店に全部引き受けているんやなと思いました。

焙煎ことはじめ

オ　僕は20歳で喫茶店を始めたんですけど、お店を続けるのがそろそろいやになってきたころに、六曜社にさぼりに来てたんです。修さんが珈琲を淹れる姿を見てると、僕ももうちょっとやってみようかなって。そ

※10　京都のバンド「OK ミュージックボール」。
※11　1960 年代の新宿文化を代表する喫茶店。1973 年閉店。
※12　90 ページに掲載。
※13　東京・学芸大学にあった自家焙煎珈琲店。2005 年閉店。
※14　新宿駅地下街にあるカフェ。立ち退きを迫られている。
※15　ベルク店長が綴った『新宿駅最後の小さなお店ベルク』。

のときに、喫茶店はやめたいけど珈琲の仕事はできるんやろかって考えたんですね。修さんが「網で珈琲豆を焼けるよ」って言ってくれて。面白いもので、初めて自分で焼いたのを飲んだときは、できたって思うんですよね。

修　それが落とし穴でね。

オ　あとでふりかえると全然だめなんですよね。でも、気がつくとやめるにやめられへん状況ができてて。で、修さんに愚痴を言いに来たら、なにげにヒントを教えてくれはって。修さんのときは？

修　僕はバッハ[※16]初期のお弟子さんたちの店に回り倒して、聞き倒した。実際の焼き方は教わってないけど、僕が焼いた豆を飲んでもらって、「なんかちょっと焦げ臭がしますね」とか言ってもらう程度。それを積み重ねて、だんだん味を調えていった。でも、基本にするのは味の記憶。こういう場合はこうせいみたいなのは誰も教えてくれへんから。いちばん苦労したのは、僕の珈琲って軽いじゃない？　だから最初のころは、物足りないとか、味がスカスカやとか、そういう言われ方をした。それまで京都には透明感を出そうとしている珈琲がなかったからね。その意味では、スターバックスにちょっと助けられた感もある。あれで深煎りが市民権を得たから。

※16　台東区のカフェ・バッハ。1968年創業の自家焙煎珈琲店。

ひいては街のために

オ　若いときは「大手企業が僕らみたいな場末の喫茶店がやってるのと同じことやれるならやってみろ」と思ってたけど、実はそれは間違いで、大手企業が個人の嗜好に応えるのに近いことをやっちゃったから、今は僕らのようなオルタナティブな喫茶店は存在意義的に負け気味なところがあるけど、盛り返したいなと思っております（笑）。

修　まあ、大層なことを考えても、やれることはあんまりないね。自分が生きていくのに精一杯で（笑）。

オ　でも、ひいては街のためにっていう。昔、友だちと国内を旅したとき、いい街の基準は風呂屋と古本屋、レコード屋、喫茶店だと言ってたんです。それから、定食屋でもいいから安く晩ご飯が食べられて、お酒飲みたい人は飲めて、みたいなワンセット。そういうのは街にありつづけな、おもしろくないですね。（完）

二章

京都の歴史と共に歩んできた喫茶店

いつの時代にも、珈琲は街の空気を
カップの中に溶かしこんできた。
激動の昭和初期に歴史の舞台となった名店や
日本のカフェの原型となった名店を訪れてみた。

11

フランソア喫茶室

河原町駅

フランソア喫茶室は、登録有形文化財となった優美な建築だけではなく、昭和初期を生きた京都の知識人たち、学生たちの記憶を大切に保存している。気品の漂う店内に入っていくと、外界とのあまりの落差に息をのんでしまう。

カフェという用語に厳密な定義はなく、人それぞれに考えを巡らせて定義を試みる遊びが楽しいのだが、もし「カフェとは文化芸術を育んだパリやウィーンのカフェを指す」というパリ・ウィーン原理主義的な視点に立つなら、フランソアこそカフェの中のカフェ。

午前中は室内楽《しつないがく》が、午後からはベートーヴェンやブラームスの交響曲が流れる。「でも、閉店前の三十分だけはシャンソンをかけるのです。夜遅い時間には、一日の疲れをほぐすやわらかな音楽が似合いますから」と今井香子《いまいきようこ》さんは語る。今井さんは初代オーナー立野正一《たてのしよういち》氏と、その妻であり現オーナーの立野留志子《るしこ》さんとの間に生まれた。

「いつも最後の一曲はコラ・ヴォケールの『桜んぼの実る頃』と決まっているので、常連のお客さまはこの歌が聞こえてくると席を立ってお帰りになります」

開店は一九三四年。画家を志していた初代オーナーの立野氏は、ジャン＝フランソワ・ミレーの名前にちなんで店名をつけた。内装の設計は、イタリアから京都大学建築科に留学していたベンチベニさんに依頼。彼は来日時に乗ってきた豪華客船のメインホールを模して喫茶室をデザインしたという。現在、禁煙室として使われている南側の部屋の天井には、十九世紀イギリスの豪華客船の窓だったというガラスがはめこまれている。

フランソアを、高瀬川のせせらぎに浮かんで時の流れを航海してきた小さな客船と見立てることもできそうだ。錚々《そうそう》たる顔ぶれが乗船してきた。画家たち、小説家たち、映画・演劇人たち。乗船名簿には藤田《ふじた》嗣治《つぐはる》の名前もある。創業当時のメニューの表紙は彼が描いたものだ。宇野《うの》重吉《じゅうきち》の名前もある。「コーヒーは苦くて飲めない」という彼のために、留志子さんとバーテンダーが試行錯誤して、フレッシュクリームとエバミルクをホイップしてカップに落とし、その上からコーヒーを注ぎ入れるというスタイルを考案した。おかげで宇野重

メニュー　コーヒー550円、レアチーズケーキ400円

FRANÇOIS

ふらんそあきっさしつ　map....p250-no.03
京都市下京区西木屋四条下ル 船頭町 184
Tel 075-351-4042　open 10:00 〜 23:00　close 12 月 31 日＋元日
電車　阪急電鉄「河原町」駅より徒歩 1 分
バス　市バス「四条河原町」下車

吉も飲めるようになったというコーヒーは、現在もフランソアを代表するメニュー。私はレモン果汁をたっぷり使った手作りケーキとともにいただいた。大江《おおえ》健三郎《けんざぶろう》はマリー・ローランサンの絵が眺められる椅子を指定席と定めているそうだ。壁をぐるりと飾るのは、立野氏が収集した美術品の数々。ピカソやシャガールのリトグラフ、ジャン・コクトーの自筆の手紙。

　戦争反対、と発言することが命がけだった時代があり、しかもそれがたかだか数十年前のことなのだと思うと、今の私は夢の繭《まゆ》に幾重にもくるまれて眠っているのかしらと心もとなくなる。日本に治安維持法が存在した時代に、フランソアは反戦を唱えるリベラリストたちの溜まり場となった。彼らはフランス人民戦線の『金曜日』にならって反戦雑誌『土曜日』を発行し、フランソアで編集会議をおこなっていた。そのために立野氏は治安維持法のもとに逮捕され、一年間刑務所で生活しなければならなかった。現在でも戦時中に学生時代を送った人々がフランソアを訪れ、回想にふける姿がよく見られるという。

「誰かを思い出したいときはここに来るとおっしゃる方々のためにも、建物を大切に修復しながら続けていきたいと思います」

12

イノダコーヒ本店

烏丸御池駅

京都の喫茶店史の黎明期《れいめいき》に誕生したイノダは、街の喫茶文化の発展に大きく貢献してきた存在。店名が「コーヒ」なのは、創業の一九四〇年当時、コーヒーがそう発音されていたためらしい。

京都滞在中の朝食は、一度はイノダ本店でと決めている。私と同じような旅のルールを定めて楽しんでいる友人がいて、京都に行くたびに絵葉書に数行の〝イノダ便り〟を書いて投函してくれる。私も毎回テーブ

ルにつくと「アラビアの真珠」とハムサンドを注文してから、その人に宛てて絵葉書を書きはじめる。

――京都から、おはようございます。今朝は働きはじめて間もないらしい女性が注文をとりに来ました。まだまだ不慣れなようですが、小鳥みたいな可愛い声でした！　いつか先輩諸氏のように、過不足なく心地よいおもてなしをしてくれることでしょう。それではまた。イノダ本店にて――。

初めて本店を訪れたのは十年ほど前のことだけれど、イノダの名前にはその何年も前からたびたび出会ってきた。植草甚一《うえくさじんいち》や池波正太郎《いけなみしょうたろう》のエッセイ、あるいは歌の中で。この喫茶店の名前は日本中で語られつづけてきたのだ。

東京のデパートでイノダに出会えることもあった。京都フェアでにぎわう催事場の一角に設置されたカウンターの中で、イノダの白い上着を着たスタッフが伝統の「おたまドリップ」をする姿が見られる。その折り目正しい物腰に、老舗の品格とはこういうものかと感じ入ったりする。

「なぜ、おたまを使ってお湯を注いでいらっしゃるのですか？」と小声で質問すると、微笑しながら「先輩たちから教わったんですわ」と答えてくれた。

京都の三条支店を訪れれば、円形カウンターの中に立つスタッフがいぶし銀のおたまさばきで寸胴鍋からお湯を汲み、黙々とネルドリップをしている姿を見ることができる。常連客がカウンターに座るやいなや、新聞がすっとさしだされる光景にも出会う。スタッフは誰がどの銘柄の新聞を読み、どんなコーヒーを飲むかを記憶している。その人が席に座れば、何も言わなくても自動的にすべてがサーブされるのだ。

本店の建物は一九九九年に一部を焼失したが、一年後、町家の外観をほぼ忠

メニュー　アラビアの真珠500円、ビーフカツサンド1730円

INODA'S
COFFEE

INODA COFFEE
PHILADELPHIA U.S.A

MFG. CO
PHILADELPHIA U.S.A

いのだコーヒほんてん　map....p251-no.03
京都市中京区堺町通三条下ル 道祐町 140
Tel 075-221-0507　open 7:00 〜 20:00　close 無休
電車　地下鉄烏丸線・東西線「烏丸御池」駅より徒歩６分
バス　市バス「河原町三条」下車

実に再現してリニューアルオープンし、ファンをほっとさせた。暖簾《のれん》をくぐって入った奥には、ホテルのラウンジのような天井の高い空間が待ち受けている。ありそうでない、上質のくつろぎ。

イノダの定番コーヒーといえば「アラビアの真珠」。あらかじめミルクと砂糖を入れてサーブされることで有名だったけれど、最近ではコーヒーをブラックで飲む人も多いため、注文するとスタッフに「お入れしますか？」と尋ねられるようになった。このスタイルの起源には、時代を感じる逸話がある。かつて西陣が繁栄し、呉服商の旦那衆たちが景気の良い日々を送っていたころ、イノダは彼らの朝の情報交換の場として愛用されたそうだ。コーヒーそっちのけで商談することもあったが、イノダのミルクは濃くて脂肪分が高いため、コーヒーが冷めてから入れると溶けにくい。そのため、創業者の猪田《いのだ》七郎《しちろう》氏が最初からミルクと砂糖を最高のバランスで配合して加えるようにしたのだという。

アラビアの真珠用ブレンドは、ミルクと砂糖を入れたときが最もおいしいように焙煎されている。素直にそれに従って、厚手の冷めにくいカップでコーヒーを飲みながら、その命名の由来など推測してみるのが楽しいと思う。

13

進々堂 京大正門前

出町柳駅

良いカフェは記憶にシンボリックな場面を刻みつける。進々堂を思い浮かべるたびにくっきりと浮かびあがってくるのは、十年前に見かけた窓辺のテーブルの光景だ。ドゥルーズやリゾームという日常会話にはまず登場しない単語が聞こえてきて、思わず視線をそちらに向けると、本やレポート用紙をひろげた一群が低い声で言葉を交わしていた。哲学科の教授と学生たちのようだった。

パリのセーヌ左岸と京都市左京区には、「左」以外にも共通点がある。それは大学とカフェと書店が集中していること。セーヌ左岸の学生街カルチェ・ラタン、サンジェルマン・デ・プレには、一九二〇〜三〇年代に無数の逸話を生んだ有名カフェや古本屋が軒を連ねる。いっぽう、京都市左京区には京都大学など六つの大学が集まり、そのまわりには学生たちに優しいカフェと個性的な書店が集合している。ついでながら、素敵なパン屋さんの密度も高い。

しんしんどう きょうだいせいもんまえ map....p247-no.01
京都市左京区北白川追分町 88
Tel 075-701-4121 open 8:00 〜 18:00 close 火
電車 叡山電鉄・京阪電鉄「出町柳」駅より徒歩 14 分
バス 市バス「百万遍」下車

京都におけるカフェとパンの発祥の地、それが進々堂。初代店主の続《つづ》木斉《きひとし》氏は内村鑑三《うちむらかんぞう》の門下生として聖書やフランス文学に親しみ、フランスに留学してパン作りの技術を学んだ。そこで学生街の活気あるカフェの魅力をまのあたりにし、一九三〇年、京都大学の隣にフランスのカフェ文化を再現する空間として進々堂を作りあげた。そして、日本最初のフランスパンの製造販売も開始する。

「曾祖父はクリスチャンでしたから、パンはキリストの肉という意味もあったようです」と四代目の店主、川口聡さんが教えてくれた。

メニュー　コーヒー 340円、自家製カレーライス 480円

緑の揺れる中庭が、パリのオープンカフェの空気を伝えている。使いこまれた大テーブルは、人間国宝である黒《くろ》田《だ》辰《たつ》秋《あき》氏の無名時代の作品。初代店主を黒田氏に紹介したのは白《しら》洲《す》正《まさ》子《こ》とも言われているそうだ。壁には、詩人でもあった初代が愛したワーズワースの『虹』の原詩があった。いったい初代はどれほど多彩な魅力のある人物だったんでしょうね？

長年にわたって学生たちに愛されつづけてきた〝学習図書室〟、進々堂。七〇年安保闘争の際には、お店を守るために学生たちがバリケードを作ってくれたという。

14

喫茶ソワレ

河原町駅

ソワレにいると蒼い宝石箱の中を泳いでいるような気持ちになる。女性をより美しく見せるという有名なソワレブルーの照明を浴びて、コーヒーカップも銀色のスプーンも薄青く光っている。壁のそこかしこを飾る東郷青児《とうごうせいじ》の絵の中の美女たちも、蒼い光を受けていっそう妖艶に身をしなわせる。

ソワレは一九四八年に現オーナー、元木英輔《もときえいすけ》さんの父が高瀬川のほとりに開いた喫茶店。もともと東郷青児の絵をコレクションしており、お店に飾ったところ雰囲気にぴったりだったため、さらに買い足していったそうだ。東郷青児自身もこの空間を気に入り、しばしばソワレに立ち寄っていたという。

この夜会《ソワレ》には音楽の伴奏がない。それはお客さまの会話を主役にするためだったと元木さんは語る。

「六十年前は西洋音楽に触れる機会が少なく、金持ちの友人の家でラジオを聴かせてもらうか、クラシック喫茶に行くしかなかったようです」

きっさそわれ　map....p250-no.03
京都市下京区西木屋町通四条上ル
Tel 075-221-0351　open 12:00 〜 22:00　close 月
電車　阪急電鉄「河原町」駅より徒歩１分
バス　市バス「四条河原町」下車

多くの名曲喫茶では声高に話すことがはばかられたので、ソワレは会話を楽しめる喫茶店として、あえてBGMのない空間を作りあげた。ただし長い歴史の中で、一度だけ試験的に音楽を流してみたことがあるという。

「すぐにお客さまから苦情が来て、一週間でやめました（笑）」

静かな話し声が主役ではあっても、知らないお客さまどうしがここで交流することは意図していない。「サロンではないので、プライベートな席づくりをしています」と元木さん。いっしょに訪れた人と親密な時間を過ごすための場所、もしくはひとりで瞑想にふけるための場所なのだ。

音楽のかわりに、数々の美術品がソワレを彩っている。マイセンやジノリのコーヒーカップのコレクション。壁や階段にほどこされている凝った木彫は、彫刻家・池野《いけの》禎春《さだはる》氏の手によるもの。二階の手すりには酒神バッカスが、洗面所の扉の取っ手には牧神が刻まれ、時が流れていくのをみつめている。

お店の外壁の石版には、祇園界隈をこよなく愛した歌人、吉井《よしい》勇《いさむ》がソワレのために詠んだ歌が刻まれていた。

　珈琲の香にむせびたる夕べより夢見る人となりにけらしな

メニュー　ブレンドコーヒー 550円、ゼリーポンチ 650円

すまーとこーひーてん　map....p250-no.03
京都市中京区寺町通三条上ル 天性寺前町 537
Tel 075-231-6547　open 8:00 〜 19:00　close 無休
電車　地下鉄東西線「京都市役所前」駅より徒歩 3 分
バス　市バス「河原町三条」下車

15

スマート珈琲店

京都市役所前駅

ここに来るたびにほっとして、いいなあ、生きている老舗だなあと思う。

一九三二年に洋食店「スマートランチ」として創業して以来、毎日まじめに仕事をしてきたお店の人々と、それを愛してきた地元の人々のおかげで、スマート珈琲店は世紀をまたいでもなお現役の優秀な喫茶店でありつづけている。

「受けついできたものを大切に守りながら、あたりまえのことを、あたりまえに続けていこうと思います」と三代目店主の元木《もとき》さんは語る。

元木さんは二代目である父の茂《しげる》さんが焙煎機を回す背中を見ながら育った。ドイツ・プロバット社の焙煎機で五種類の豆の個性をひきだしながら焼いてブレンドする珈琲は、現在も「昔からずっと変わらない、飲みやすくてしっかりした味」と、長年通うお客さまの信頼も厚い。

名物はホットケーキ。お天気によって卵、小麦粉、牛乳の配合を微妙に調整し、鉄板の上で毎日一定の厚みに膨らませ、こんがりときつね色に焼きあげ

る。

珈琲のドリップもホットケーキを焼くのも、精神状態がそのままあらわれる作業だと元木さんは語る。

「お店が混んでいるときにあわてて淹れると珈琲に雑味が出るので、安定した精神状態でいられるよう心がけています」

平日のスマート珈琲店にはリズムがある。朝いちばんは常連客がいっせいに来店し、めいめいが同じ時刻に同じ席について同じトーストを注文しながら新聞をひろげる。十一時前にはそれがすっと落ちつき、今度は二階のランチを目当てにお客さま

メニュー　珈琲 400円、ホットケーキ 550円、自家製プリン500円

が並び始める。

休日にはそこに観光客が加わって混雑するけれど、常連客が気軽に観光客に声をかけて、珈琲チケットを一枚進呈したりするほほえましい場面が展開されている。

内装が現在の姿になったのは「ミュンヘンオリンピックの年」、つまり一九七二年で、茂さんがヨーロッパ旅行中に訪れたスイスの山小屋をイメージして大改装をおこなった。

ロゴ入りのカップには、珈琲を手に談笑する男女のシルエット。いつまでもこの絵のように仲よくと、結婚祝いの贈りものにも人気だという。

16

CC'S 二条駅

詩人、草野心平《くさのしんぺい》がシーシーズのフルーツケーキに捧げた詩がある。

宅配便できた。／Cid-Corman手製ものだ。
この色。／正に色だ。／そして。／この味。／正に味だ。
そして。／お茶をのむ。／お茶の色も。／味もよくなる。
Cormanよ。／これにくらべると。／オレの詩は不味い。／な。

このCid-Corman《シド コールマン》はボストン生まれの詩人・翻訳家で、シーシーズの初代オーナーでもある。お店の壁には草野心平とコールマンが語りあう姿をとらえた古い写真が飾られている。

コールマンが京都に教師の職を得られたのは、なんと一足先に京都に住んでいたゲーリー・スナイダー※のおかげだというので、スナイダー好きの私はち

※アメリカの詩人。1956年から8年間京都に滞在し、大徳寺などで禅を学んだ。

歩んできた喫茶店

メニュー　ホットコーヒー 350円、ケーキ各種 600円〜

ょっと興奮してしまったのだけれど、スナイダーは草野心平の詩より素敵な(?)シーシーズのケーキに舌鼓を打つ前に帰国しているようだ。

それはともかく、コールマンと妻の小西静美さんは一九七四年にケーキのお店を開いた。故郷アメリカのホームメイドケーキを忠実に再現したその味は、贅沢な材料を使った、庶民にとってはちょっと憧れの存在だったらしい。

コールマン夫妻が事情によりアメリカに戻ると、かわって静美夫人の弟、重郎さんがお店を長く切り盛りし、京都では例を見ないボリュームたっぷりの手作りケーキの数々で人気を集めてきた。小西三姉弟はみな若い時期にアメリカ生活を体験し、現地の家庭の味をよく知っているのだ。弟さん亡きあとにお店を引きついだ小西幸子さんも、みごとなオールド京都弁を操られる姿からは想像がつかないのだけれど、やはりアメリカで暮らした時期がある。

お店の名物は、アメリカ製のタワー型回転冷蔵ショーケース。その中でさまざまなケーキたちが夢みるように回転している。ピーカンパイ、エンゼルフードケーキ、生クリームが厚い層を作るブラックボトム・パイ……古き良き時代のアメリカらしい魅力に溢れる品々。

シーシーズ　map....p252-no.04
京都市中京区聚楽廻西町 182-3
Tel 075-801-4790　open 9:00 ～ 20:00　close 火
電車　地下鉄東西線・JR「二条」駅より徒歩 10 分
バス　市バス「丸太町七本松」下車

木製の小さな扉を開けると、黒森《シュヴァルツヴァルト》の奥深くに佇む古城に迷い込んだような気分になった。動かない空気の中に深緋色の椅子が並び、時間が窯変《ようへん》させた壁は華麗な西洋骨董で埋め尽くされている。

一九三四年に名曲喫茶として開店。店名は新劇運動の拠点となった築地小劇場にちなんでいる。外壁の美しいタイルも、暖炉《だんろ》を囲む大きなレンガも昔日の姿をとどめているけれど、もし壊れたら、もはや替えの品は存在しない。

「初代は趣味の骨董を置いて好きなように店を作り、やりたいように経

17

築地

河原町駅

つきじ　map....p250-no.03
京都市中京区河原町四条上ル東入ル
Tel 075-221-1053　open 11:00 〜 23:00　close 無休
電車　阪急電鉄「河原町」駅より徒歩 1 分
バス　市バス「四条河原町」下車

メニュー　ウインナーコーヒー 550円、チーズケーキ 550円

営した」と語るのは、築地を受け継いだ三代目城主ならぬ店主。

コーヒーを注文すると、クリームを浮かべたウインナースタイルで運ばれてきた。なぜですかと訊ねても「昔から」と簡潔な答え。じつは、京都で最初にウインナーコーヒーを出したのは築地なのですって。

変化に抗《あらが》って同じ姿を保つことは困難で、その道を選んだ人に矜恃《きょうじ》をもたらすのだろう。築地は誇り高く、時代にも訪問客にも媚びようとしない。「ほったらかしにされるのが心地よくて」と、この古城にたてこもるのが好きな友人は笑う。

きっさ しずか　map....p254-no.08
京都市上京区今出川通千本西入ル
Tel 075-461-5323　open 7:00 〜 19:00　close 第 2・4 日
電車　京福電鉄（嵐電北野線）「北野白梅町」駅より徒歩 15 分
バス　市バス「千本今出川」下車

18

喫茶 静香

北野白梅町駅

上七軒《かみしちけん》は京都五花街のなかで最古の歴史を持つ花街。そこで芸妓をしていた女性が一九三七年に開いた喫茶店が静香《しずか》である。一年後、静香さんが手放したお店を宮本《みやもと》夫妻が買い取り、彫りガラスとアールデコ調の優雅なカーブを持つ空間へと改装。ガラス扉に職人が刻んだ樹と小鳥の絵柄がたいそう魅力的だ。

現オーナーの宮本和美さんはこの場所で生まれ育った。

「珈琲の味は、フレッシュと砂糖を入れて初めて完成するんです」

何も入れずに飲もうとする私に、往年の可憐な乙女、和美さんはやん

メニュー　珈琲 350円、ホットケーキ 300円、トースト200円

わりと言った。関西の人々は珈琲用のクリームをフレッシュと呼ぶ。静香の自家製フレッシュはおいしいという和美さんに、作り方を訊ねてみたのだけれど、秘密のようだった。

静香流の正式な珈琲は、はじめにカップにフレッシュを入れ、そこへ自家焙煎豆をネルドリップした珈琲を注ぎ入れる。

「昔はネルの腰巻が愛用されたから厚手のええネルが手に入って、珈琲が落ちついた味になったんやけど」

珈琲は生きているから味が変わる、と和美さん。それでも昔の味を保ちたいという気概は変わらない。

19

喫茶セブン

烏丸御池駅／丸太町駅

早春の光を含んで小雨が降る朝、濡れた小路の一角に、セブンはひっそりと扉を開いていた。たえず変化していく街の片隅に残る小さな遺産。店内を暖めるストーブの上には、水を張ったアルミの洗面器。注文したコーヒーのソーサーには、小さなチョコレートがふたつ添えられた。

開店は一九六三年。白髪のマスター松宮さんはもとは多忙な会社員で、喫茶店で息抜きの時間を楽しんだ。会社員の月給が数千円だったのに対し、コーヒーは一杯50円。「こんなに楽な商売はないと思って(笑)」自ら喫茶店を開業。世の中は

きっさセブン　map....p249-no.02
京都市中京区押小路通西洞院東入ル北側
Tel 075-231-6766　open 8:30 〜 17:00　close 日＋祝日
電車　地下鉄烏丸線「烏丸御池」駅、「丸太町」駅より徒歩 5 分

メニュー　ブレンドコーヒー 300円、モーニングセット 350円

高度経済成長に沸き、この界隈の呉服業は活気に満ちていたそうだ。

50円でスタートしたセブンのコーヒーは、10円、20円とこまかく刻んで値上がりしていき、現在は300円。十二年前からこの良心的なお値段を守っている。ご年配の常連客ばかりだから、申しわけなくて値上げできないと松宮さんは笑う。

建物はかつてはお寺の本堂だったそう。壁に残る変色した部分は、二階席が設けられていた痕跡。目を閉じて、この静まりかえった店内が、景気の良い人々の笑い声で満ちていた時代を想像してみた。

鴨川の流れを映して

鴨川はつねに京都の人々の
生活のかたわらに流れつづけてきた。
ときに氾濫し、ときにその伏流水が
豊かな地下水となって。
江戸のむかし、京都の裕福な人々は
鴨川のほとりに腰掛けを並べて
遠方からの客人をもてなしたという。
いまはそこにカフェが扉を開き、
ご近所の人々も遠来の客も
同じように川風を頬に受けながら
コーヒーを楽しんでいる。

20

efish 清水五条駅

鴨川は上流の出町柳のあたりで賀茂川と表記が変わるのがならわし。友人が『もしも賀茂川がウイスキーなら』という歌があるよと、なぜか自慢げに教えてくれた。そのコーヒー編を作るなら、五條大橋まで川を下っていって歌いたい。もしも鴨川がコーヒーなら、京都じゅうのおっちゃんが新聞を読みに来る……。※

一九九九年秋に誕生したefishは、現代的カフェの先駆けとして早くから全国に知られてきた。優れた

※ 9ページ参照。

デザインとスタッフの笑顔がなによりの魅力だが、もうひとつ、鴨川という借景が加わることで、豊かな四季のめぐる〝借景カフェ〟となっているのが人気の要因。窓辺のソファに腰をおろせば、目の前に鴨川の展望がひらけて、心はたちまちきらめく川面へと飛び跳ねていく。

壁には時計がふたつ並んでいて、ひとつは京都の時刻を、もうひとつはサンフランシスコの時刻を指している。efish のオーナー、西堀晋《にしぼりしん》さんはプロダクトデザイナー。アップル社に招かれて渡米し、現在はサンフランシスコで活躍している。

はじめて私がefishの片鱗に触れたのは、二〇〇二年、西堀さんが日本を去る前に東京に作られたefish tokyoだった。青山のマンションの一室に、十日間だけefishの世界が出現したのだ。その素敵さといったらなかった。シンプルなのに楽しげな家具と雑貨の数々。窓辺でゆらゆらと泳ぎまわる金魚。連日たいへんなにぎわいとなったのだけれど、スタッフのやわらかな「おおきに」がみんなの耳をなごませていた。

efishのeはアルファベットの五番目で、すぐそばの五條楽園という花

街にあやかって命名された。かつてお茶屋さんの玄関先には金魚が飼われ、「うちには可愛い金魚のような着物をまとった遊女がいます」を表していたとか。

地元の歴史をしのんで、efishは一階でも二階でも金魚を飼っている。看板に描かれた黒猫は、こっそりと金魚を狙っているように見える。

そんな店主のあたたかでユーモアのある姿勢は町内の皆さまにも親しまれていたのでしょう、意外にもefishには近所のご年配のお客さまが少なくない。なかにはお茶屋を営んでいたご婦人もいて、オープン当初

エフィッシュ
map....p255-no.11
京都市下京区木屋町通五条下ル
西橋詰町 798-1 Tel 075-361-3069
open 11:00 〜 22:00 close 無休
電車 京阪電鉄「清水五条」駅より徒歩２分
バス 市バス「河原町五条」下車

メニュー ブレンドコーヒー 450円
黒砂糖とクルミのケーキ 530円

から通ってくれたそうだ。その女性は八十九歳で亡くなる直前まで、娘さんにつき添われてefishでコーヒーを楽しんだという。

エピソードを話してくれたスタッフは、かつてはお客さまの一人だった。オーナーの人柄に触れて感激し、ここで働くことを志願したそうだ。

強力なチャームポイントがいくつも輝いているお店なのに、efishについて書くとき、最も伝えたくなるのはコーヒーを介して人と人が触れあう姿である。カフェというものの本質を見たように思った。

21

かもがわカフェ

神宮丸太町駅

古い薬瓶のような色調のブルー、黄色、赤。かもがわカフェの名物は大きな窓に嵌めこまれた三色の色ガラスと、おいしい自家焙煎のコーヒーだ。なにげなく天井を見上げると、古い物置めいた半透明の波板から、空の光が鈍く透けている。かつては木工所だった痕跡だ。

みんなに「大ちゃん」と親しまれるオーナーの高山大輔さんは、毎日営業終了後に、みずから改造した手

回し焙煎機でコーヒー豆を焙煎している。自慢のブレンドは、毎日飽きずに飲めるすっきりした味わい。
　高山さんのコーヒーに対する考え方には、二人の先輩が影響を与えている。仮に京都で最も初期に自家焙煎コーヒーを提供していた喫茶店の数々を「京都の焙煎黎明期の世代」とするなら、そこから一歩踏み出し、独自の自家焙煎コーヒーの道を追究してきた六曜社の奥野さん[※1]を自家焙煎の第一世代、その仕事を真剣に見つめながら自分のスタイルを確立してきたオオヤさん[※2]を第二世代と呼ぶことができるかもしれない。そ

※1　30ページに掲載。
※2　59ページに掲載。

していま、第一世代、第二世代双方の焙煎人たちに憧れて自家焙煎に挑戦する若い人々が増えている。高山さんはそんな第三世代の焙煎人の代表選手のひとりだ。

「十年前のカフェブームは、おしゃれな空間が主役だったでしょ？　僕も何年間かその中にいたんだけど、奥野さんやオオヤさんのコーヒーを飲んでいるうちに、自分で汗水たらして何かを作りたい、コーヒーにも焙煎から関わりたいと考えるようになったんです」

二人の偉大な先輩から学んだのは「人間性」。人間としてまっとうでなければ、まっとうなコーヒーは出せないという教えだ。

「高校のときにサッカー部の顧問の先生に言われた『ええ選手ではなく、ええ生徒になれ』という言葉が心に残っているんですが、コーヒーの仕事もこれと似ている気がします」

京都の自家焙煎コーヒーの伝統が、技術や理論よりも、もっぱら生き方を主眼において次の世代へと受け継がれているように見えるのはたいそう興味深い。

コーヒーは日々を豊かにしてくれる存在、と高山さん。一日一杯のおいしいコーヒーは、決して人生を劇

かもがわカフェ
map....p252-no.05
京都市上京区西三本木通荒神口下ル
上生洲町 229-1 Tel 075-211-4757
open 12:00 〜 23:30（LO 22:30） close 木
電車　京阪電鉄「神宮丸太町」駅より徒歩10分
バス　市バス「荒神口」下車

メニュー　コーヒー各種 470円〜
オムライス 780円

的に変えたりはしないけれど、毎日の暮らしをほんの少しだけ豊かにしてくれるのだと。

だからこそ、カフェは〝日常を売る仕事〟。

「いかに良い日常を売っていけるかが、僕の仕事だと思う」

鴨川を散歩したあとに、かもがわカフェで気軽な夕食を楽しむのもいい。デイリーワインに合う一品料理に混じって、昔ながらの洋食屋さんの味をめざした、丁寧な手作りデミグラスソースのオムライスなども並んでいる。

三章

カフェの源流から河口まで

新しい時代を拓いたひとつのカフェから、
次の世代を代表するカフェが生まれていく。
源流に注ぎ込む支流、源流から分かれていく支流。
流れに沿って歩くと、
色とりどりの風景が見えてくる。

22 CAFE Doji 北山駅

現代的カフェのスタイルの起源《ルーツ》。そのひとつはドジにあるのだと、数年ぶりに訪れてあらためて確認することができた。

日々、磨かれる柱のように、時の流れとともに存在感に艶が加わっていくドジ。その美しい空間は年代の異なる三棟の建物で構成されている。入って右手のスペースが一九七七年に誕生した最初の建物にあたる。入口左手のスペースはその五年後、独立した離れとして建てられたもの。この二つの建物をつなぐかたちで、九〇年前後に天井の高いエントランス空間が増築された。

まばゆい空を見上げる開放感と、嵐の夜に大樹の洞《うろ》に身を寄せているようなシェルター感と。対極にある二つの魅力が、これほど完成度の高い姿で併存しているカフェは類を見ない。緑濃いバナナの樹に囲まれた小さなテラス。仄暗《ほのぐら》い部屋にたくさんの古いランプがもたらす陰影。豊かな量感のある家具。時間をかけて大切に選ばれてきたほんものたち。

エントランス空間でベンチに座っていると、高い天窓の上で、樹々の緑が静かに光を呼吸しているのが見える。天井に取りつけたルーバーのおかげで独特の居心地の良さが生まれ、太陽は直射せずにやわらかな光であたりを満たしている。そんな細部にも、作り手の注意深い視線が感じられる。

カフェには、年齢を重ねることで初めて見えてくる良さがある。若いころに訪れたドジは贅沢な空間で、お値段が高くて、注文したフレッシュジュースが運ばれるまでに時間がかかり、スタッフが無愛想だった。まだくちばしが黄色かった私の体内に、ドジという体験は未消化のまま残った。

時を経て、数えきれないほど多くのカフェで過ごしてきたいま、ドジは本当にすばらしい。価格にも調理の所要時間にも、きちんと理由があることが見てとれる。よく熟したタイミングを選んで使われる旬の上等な果実。作りおきすれば楽になるのを承知しながら、あえて注文を受けてから作りはじめるという決断。ナイフを入れたばかり、火を加えたばかりの素材は、みずみずしく新鮮な香りをまとってテーブルに運ばれてくる。そういうことのひとつひとつに視線が向けられるようになったのだと思う。

けれども、ドジは静止して私が追いつくのを待っていたわけではない。誕生以来三十年以上にわたって、名店はたえず変化をつづけてきた。

オーナーの宮野堂治郎《みやのどうじろう》さんはDOJI HOUSEという名でカフェをスタートした。店名は彼の名前（と、行動の傾向）に由来するそう。窓を彩る小さなステンドグラスに当時の店名が残されている。同じ名前の大型犬も飼っていた。

「日本の喫茶店とはまったく違うカフェを」と、当初はイサムノグチのあかりを灯した斬新な空間に大テーブルを配し、隣りあわせた人どうしに交流が生まれることを願ったけれど、人々はテーブルを共有したがらなかったという。

宮野さんは二十代半ば、まだ海外旅行が身近ではなかった時代に会社を辞めてロンドンに渡った。ヨーロッパの旅を楽しみながら数年間を過ごしフランスのカフェ文化も肌で感じることになる。

帰国後にドジを開店。やがて宮野さんは旅行で訪れたバリの空気感に魅せられ、毎年、現地で高品質のオールドチークの家具やアート作品を買いもとめては、少しずつドジに取りいれていく。

カフェドジ　map....p253-no.07
京都市北区小山元町20-21
Tel 075-491-3422　open 12:00〜23:00　close 木＋不定休
電車　地下鉄烏丸線「北山」駅より徒歩6分
バス　市バス「上堀川」下車

「そのせいでバリスタイルのカフェと呼ばれることが多いけれど、僕は単に外国のカフェをそのまま輸入しただけではない、日本人が考えた、世界中で日本にしかないカフェを作りたかったんだ」

ひろく世界を見渡すことで研ぎすまされた直感を駆使して、どこにもないオリジナルを提案するのが宮野さんの身上。やがて、ドジの洗練されたスタイルとクオリティは一躍脚光を浴び、その存在は街そのものを変身させていく。ドジと北山の街は、郊外にありながら流行の発信地となっていった。

「京都は新しいものを生み出すのが不得手な土地だけれど、いま、何十年か後に良い遺産となるような本物を作っておきたいんです」

どの街にも必ずアップダウンがあり、現在の北山はかつての勢いを失っているけれど、京都のカフェの源流のひとつであるドジの魅力は薄まる気配がなく、全国からこの聖地を訪れる喫茶巡礼者《カフェ・ピルグリム》もあとを絶たない。

どうか、ドジには時間に余裕のある夜などに訪れて、会話や読書をしながらじっくり愉しんでくださいね。旅のあとで回想するとき、ドジで過ごした時間は、熱帯の果実をひたした甘やかな果実酒のように香ってくるはずだ。

メニュー　フレッシュフルーツジュース800円〜、チキンカレー1000円

23

Café Bibliotic Hello!

京都市役所前駅

二十一世紀のカフェの潮流をとらえる重要なキーワードを、京都において最も早い時期に実現してきた存在。古い町家に和洋の要素を自在に組み合わせたリノベーション。大きな書架のあるブックカフェ。店名のbiblioticとは、図書館を意味するbibliothéqueをもじった造語だという。

現在の京都を代表するカフェとして、日夜、全国から多数のお客さまを迎える。私もここ数年のあいだに、何度かハローで快適な夜の時間

を過ごしてきた。街じゅうになんともいえない良い匂いが漂う秋の晩、暗い路地の一角にハローの窓があたたかな蜜柑色にともっているのは、心をかきたてられる眺めだ。

明治時代に建てられた二階建ての町家を半年間かけて改装し、センス溢れる空間を創造したのはオーナーの小山満也《こやまみつなり》さん。CAFE Doji※で十八年間働いたのち、独立して自分のカフェを開いた。風情ある建物のエントランスに、シンボルツリーであるバナナの巨木が緑の葉をひろげている光景には、ドジへの敬意がこめられているのでしょうか。

※114ページに掲載。

メニュー　コーヒー 450円、季節のフルーツタルト 600円

カフェ ビブリオティック ハロー　map....p249-no.02
京都市中京区二条柳馬場東入ル晴明町650
Tel 075-231-8625　open 11:30〜24:00（LO 23:00）close 不定休
電車　地下鉄東西線「京都市役所前」駅より徒歩8分
バス　市バス「裁判所前」下車

小山さんは西陣《にしじん》生まれの西陣育ち。もともと町家の多い環境で過ごしたことが、あえて和にとらわれず、北欧やミッドセンチュリーのテイストを洗練されたかたちで組み合わせる発想の下地を作ったのかもしれない。けれども、「京都人はわざわざ遠く離れたお店には行かないし、新しくできたものにすぐ飛びつくのは恥ずかしいと思っているんです（笑）」というわけで、ハローが一躍人気店となったのも、オープンして三年目のことだったという。

店内に足を踏み入れると、吹き抜けの壁全面を使った大きな書架に目を奪われる。千冊を超えるという雑誌やビジュアルブックを、棚板の裏から小さなライトが美しく照らしている。二〇〇八年には店舗を拡張し、一階にパン職人の藤井さんが腕をふるう天然酵母パン工房や北欧ヴィンテージ雑貨を扱うコーナー、二階にはギャラリーを設けて、吸引力に磨きをかけている。

「学生の多い京都には喫茶店やカフェが多く、そこで会話をするのはごく日常的な習慣」と小山さんは語る。「僕自身も、未完成な人間どうしで語りあう時間を大切にしてきました。そういう楽しみは決してなくならないと思います」

変化しながら生きつづけること。ドジから得た薫陶《くんとう》である。

24

CAFE HERON 二条城前駅／二条駅

喫茶チロルとカフェヘロンが御池通《おいけどおり》に並んでいる光景は、ちょっとほほえましい。かたやチロルは昭和の面影が残るカレーとコーヒーのお店、かたやヘロンは二〇〇八年夏生まれのあか抜けたカフェ。チロルチョコは四角いけれど、ヘロンの公式は三角形の面積を求めるときに使う……んでしたっけ？

ヘロンの魅力的なエントランスは視線を釘づけにした。無機的なのに繊細な表情を持つグレイの壁。百年以上の歳月を重ねたチーク材の門扉。その対比がなんとも美しかった。門扉を照らすのは古いフランス製工業用ランプ。

オーナーの冨浪清《となみきよし》さんは、もとは注文住宅だった四階建ての箱を、じっくりと時間をかけてカフェに改装した。空間づくりのコンセプトは「西洋のインダストリアルと東洋のアンティーク木材によるアトリエ・ロフト空間」。先ほどの印象的なエントランスは、それを端的に表現していたのだ。

ソファのある一階は喫煙席。製図用の机が並ぶ二階は禁煙席で、いかにもひ

メニュー　エスプレッソ 350円、ガトーショコラ 550円

BAUHAUS LIGHTING
KANDEM LIGHT!

CAFE HERON
CAFE HERON
CAFE HERON
Open 11:00 - 21:00
OPEN

カフェ ヘロン　map....p252-no.04
京都市中京区西ノ京職司町67-32
Tel 075-841-0819　open12:00〜22:00　close 月
電車　地下鉄東西線「二条城前」駅、JR「二条」駅より徒歩5分
バス　市バス「神泉苑前」下車

とりで快適な読書が楽しめそう。階段ごしに落ちる影の模様や、ドイツ、フランスの工業用ランプの姿のおもしろさは見飽きることがない。家具の多くは六〇年代のオランダのインダストリアルデザイナーが手がけたものだ。

硬質な空間にぬくもりをもたらしているのが、艶やかで重厚なオールドチークのカウンターやテーブル。それらの貴重な木材は、エントランスの門扉とともに、CAFE Doji※のオーナーから譲り受けたという。

冨浪さんは十五年前からお客としてドジを愛用してきた。「初めてドジを訪れたとき、アメリカ映画を長時間観たあとでフランス映画を観たような衝撃を受けたのです」とその感動を語る。この日、ガトーショコラとともにいただいた一杯は、彼がラ・マルゾッコのマシンで抽出してくれた。

「まだまだ認知されていないお店ですが、自分の想いと乖離《かいり》してしまわないように、あわてず、使い捨てではないカフェを育てていきたい」

名店ドジの系譜は、その精神とともに静かにヘロンにも受け継がれているように思える。お店が最も美しい時間帯は夕方。暮れていく屋外の光と店内のランプの光があいまって、刻一刻と表情が変化していくそうだ。

※114ページに掲載。

25

CAFÉ KOCSI

京都市役所前駅

コチに来ると、誰もが自分の居場所をみつけたように感じると思う。初めてコチの階段をのぼって扉を開けたとき、この質の良いくつろぎに満ちた空間には見覚えがある、と思った（「質の悪いくつろぎの空間」というのも残念ながらあるのです。紙一重なのだけれど、その違いは決定的）。

帰りがけにオーナーと少し立ち話をしたら、はたして、東京でカフェの流行が熱を帯びはじめる時期に東京に住んでいて、私がたいそう好きだったカフェで働きながらその魅力をまるごと体験した人だった。奥さまも同じらしい。二人は九九年に出身地である京都に戻り、翌年コチをオープンさせた。

オーナーは、パリで暮らして生活に根ざしたパンとカフェ文化を体感してきた坪倉直人《つぼくらなおと》さんと妻の美穂《みほ》さん。評判のパンは直人さんが焼いている。

「カフェはもうひとつの自分の部屋だと思っています」と美穂さん。

コチという素敵に居心地のよい部屋には、行くたびに本が増えている。この

カフェ コチ　map....p251-no.03
京都市中京区富小路三条上ル福長町123　黄瀬ビル2F
Tel 075-212-7411　open 12:00〜23:00　close 木
電車　地下鉄東西線「京都市役所前」駅より徒歩6分
バス　市バス「京都市役所前」下車

春にはほとんど、趣味の良い本を集めた図書室と化していた。
「お客さまにお薦めの本を教えていただく機会が増えたのが楽しいですね。本に興味はあるけれど読書したことがないという二十代の男性に『モモ』を薦めたら、毎週通って読破してくださったことも」
しかし、本もコーヒーも人生の必需品ではないから、お店を訪れる人には「ここに本が置いてあってもかまわないよ」という程度にとらえてもらえたら、と美穂さん。
本棚のすみのジョナス・メカス詩集から、しおりがひょいと頭をだし

メニュー　カプチーノ 550円、リコッタチーズケーキ 480円

ているのが、天使の合図に思えてならなかった。中沢新一《なかざわしんいち》がエッセイに記したメカスとの対話には、私が「これこそがカフェの時間」と考えるものと共通する言葉が並んでいる。メカスが映像でとらえる幸福な食卓の光景は、いつもはかなくきらきらするカケラばかりで、強くて持続する幸福なんて存在しないことを教えてくれる。今、ここで味わっている美しい時間は遠からず消えていってしまう。だからこそ愛おしくて、記録しようと試みるのだ——と。

それは、幸福の無数の断片。コチの空気中にはたくさん舞っている。

26

CAFÉ OPAL

祇園四条駅／河原町駅

オパールにはくっきりした世界観がある。それがこのカフェにスペシャルな印象を与えているのだと思う。お店の名前にも世界観がよく表現されている。「オパールは芸術家を護《まも》る石と言われています。アーティストばかりではなく、日々の生活を美的に暮らそうとする人はみな芸術家だと思います」と小川《おがわ》トモコさん。彼女は夫の小川顕太郎《けんたろう》さんと二人でオパールを経営している。

一九九七年、オパールは河原町三条の小さな雑居ビルの六階にオープンした。人目に触れないビルの上に個人が小さなカフェを開くなんてこと、まだ一般的ではなかった時代。やがて小さな個人経営カフェの流行の波が京都にも到来すると、オパールはトップランナーとして有名になっていった。

その時代のにぎわうオパールを一度訪れたことがある。乳白色の空間にミッドセンチュリーのテキスタイルが印象的。カウンターで弾む会話と笑い声。

二〇〇九年二月、オパールは祇園に移転した。ビルの賃貸契約の更新時期を迎えたのを機に、より長くお店を続けられる場所を求めたのだという。

新生オパールは、建仁寺の西隣に佇む築八十年の一軒家を改装して造られた。荒れた家屋を蘇らせ、トモコさんの美意識を細部までいきわたらせた空間は、河原町時代の白い印象とは一転、豊かな色彩に溢れている。

基調を作っているのは七〇年代のデッドストックの壁紙。イギリスからのお客さまが「ここにはイギリス人の好きな色ばかりがあるよ」と感嘆したという色彩は、たとえばピーグリーン、スカーレットレッド、ジェイドブルー。魅力的だけれど扱いの難しい色たちをみごとに組みあわせて、繊細にきらめくオパールのような小宇宙を創造している。私はデヴィッド・リンチの映像の色彩を思い浮かべて、『マルホランド・ドライブ』の青い箱や『ツイン・ピークス』の深紅のカーテンの小部屋をこの空間に重ねあわせてみた。

開店のきっかけは、夜遅くにちゃんとしたコーヒーが飲める場所を求めてのことだった。祇園オパールでも引きつづき、オオヤコーヒ焙煎所とKAFE工船※による「今月のコーヒー」を楽しむことができる。

「夜に女の子がひとりでも安心して読書できる場所、映画を観て美しいものに

※　22ページに掲載。

STAFF ONLY

メニュー　今月のコーヒー 600円、チーズケーキ 500円

⛩ カフェ オパール　map....p248-no.02
京都市東山区大和大路通四条下ル三丁目 博多町68
Tel 075-525-7117　open 12:00〜22:30（LO 22:00）close 火（祝日の場合は営業）
電車　京阪電鉄「祇園四条」駅より徒歩4分、阪急電鉄「河原町」駅より徒歩6分
バス　市バス「祇園」下車

触れたあと、その気持ちのままにコーヒーを楽しめる場所を作りたくて」というトモコさん。場所という言葉は彼女にとって大切なキーワードのようだ。

「さまざまな場所が、私の人生に与えてくれた影響は大きいのです」

たとえば神戸のカフェ。八六年、大学生だったトモコさんはオープンしてまだ三日目のそのカフェを発見し、センス溢れる佇まいに魅了されて通うようになる。あるいはロンドンの秘密めいたカフェ。十四歳のころから（もちろん最年少で）出入りしてきたライブハウスの数々。刺激的な閃光を放つ場所で胸をときめかせて過ごした豊かな記憶が、トモコさんを素敵な大人に育ててきた。だからこそ、次は自らそんな場所を創造することを願う。

十八歳になったばかりの感受性豊かな女の子が、勇気を出してひとりでオパールにやって来る素敵なシーンを想像してみた。その子はきっとお洒落をして、緊張しながら扉を開けるだろう。そして、店内を見まわして何かを発見したり、小川夫妻の笑顔に少し安心したりしながら考えはじめるのだ。美しいものについて。カフェについて。人生について。それは彼女をどこかに導いていくはずだ。かつてトモコさんがそうであったように。

27

kitone

四条駅

キトネ　map....p249-no.02
京都市下京区烏丸高辻下ル一筋目東入ル 燈籠町589-1
Tel 075-352-2428　open 金土日　夏時間 12:00〜19:00、冬時間 12:00〜18:00
close 月〜木
電車　地下鉄烏丸線「四条」駅5番出口より徒歩3分
バス　市バス・京都バス「烏丸松原」下車

日常の雑貨と道具を扱う人気のお店。木と根。オーナーの林七緒美《はやしなおみ》さんは関西特有の柔らかく語尾を伸ばす発音で「きい」と「ねえ」なんです、と言った。大きな木に育つために、地下の根っこを大切にしたいと。
三十年間放置されていた倉庫を自分たちの手で改装した空間。その一角に、風呂敷工場で使われていたのを譲りうけた大テーブルが置かれている。そこが〝喫茶室〟だ。京都の自家焙煎店カフェ・ド・ガウディの豆を使ったコーヒーは、岡田直人《おかだなおと》さん作の灰釉《かいゆう》のボウルに注がれた。「和のうつわは、使っていくうちに

メニュー　コーヒー 450円、自家製マフィン 350円〜

変化する楽しみがあります。染みもつくけれど、使う人らしさが表れてきたうつわは魅力的ですね」

キトネには言葉の響きに耳を澄ませているような気配があった。小雨の降る窓辺には『雨いとし』という古書が置かれていたし、若手作家のうつわが並ぶ一角には古本が開かれ、『月の照る夜』と題したページが見えた。喫茶室のテーブルの上には、手紙を書く道具が揃えられている。うつわと、コーヒーと、言葉に対する感受性。それがキトネを「素敵な雑貨の置いてあるお店」だけにとどまらない存在にしているようだ。

カフェはコンセプトのおまけになりやすい。犬カフェも猫カフェも、動物が主役でカフェはおまけ。しかし、ルゴールはそうではない。まず、センスの良い飲食店としてきちんとお店を成立させたうえで、多面体の魅力を楽しませてくれる。

サンフランシスコの自転車乗りが始めた市民運動、クリティカルマス・ライドを日本で最初におこなったのは京都の人々だ。ルゴールは京都の自転車乗りの拠点として二〇〇〇年に誕生し、駐輪スペースや箱貸しギャラリーを設けたり店内をバリアフリーにしたりと、幾つも

28

Lugol 烏丸御池駅

ルゴール　map....p249-no.02
京都市中京区新町御池上ル 中之町50-1 シェモア御池新町1F
Tel 075-213-2888　open 11:30〜23:00（LO 22:30）　close 第3水
電車　地下鉄烏丸線・東西線「烏丸御池」駅より徒歩4分

メニュー　カプチーノ 550円、パスタランチセット 920円

の試みで注目を集めてきた。

「京都の街のサイズは自転車にちょうどいい」とオーナーのサスケさん。一方通行や細道が多くても、自転車なら街の匂いを楽しみながら自由に走れるのだと。自転車のレンタルも開始。営業時間が長いので、夜遅くなっても返却できる。

ミッドセンチュリー系の内装は「カフェと喫茶店のあいだ」をめざして硬質の白い床から絨毯に変更され、おっちゃんがひとりでケーキとコーヒーを喫する姿も見かける。

「どうぞ一日の1／24の時間を、のんびりくつろぎに来てください」

カフェバーバチカ　map....p253-no.07
京都市北区今井河原町66 Tree's Bldg. 2F
Tel 075-722-8087　open 11:00〜21:00（LO 20:00）　close 月＋不定休
電車　地下鉄烏丸線「北山」駅4番出口より西へ徒歩8分

29

カフェ・バーバチカ

北山駅

カフェだから実現できることがあると思う。もしロシアを何度も旅して、街角の匂い、部屋の色彩、家庭料理やどこかとぼけた味のある可愛い雑貨に惹かれたら、その魅力をまるごと伝えようとする人が開くのはロシア料理店でも雑貨店でもなく、きっとこんなカフェ。

ロシア語で蝶を意味するバーバチカには、過剰すぎないロシアや東欧の空気が漂っている。だからこそ誰でも気軽に入れて、日本人の舌に合わせたロシア料理を楽しむことができる。白眉は、帝政ロシア時代のホテルの一室と見まごうばかりのトイレ。

メニュー　エスプレッソ 400円、ペリメニ（ロシア風水餃子）550円

同志社大学にほど近い一角に、建築家ヴォーリズが設計した洋館がなにげない顔をして佇んでいる。その一階に、ゆるやかなコミュニティの広がりに支えられたカフェがあった。
京都で暮らす外国人たちを調理スタッフとして雇い、仕事の場を提供している。アーティストやボランティアの学生も集まってくるそうだ。地域社会や環境を考えるNPOのフライヤーが多数。社会とリンクする何かを探す人々にとって、バザールカフェは気負いすぎない交流の場なのだろう。それはカフェに期待される基本機能のひとつである。

30

バザールカフェ

今出川駅

バザールカフェ　map....p254-no.09
京都市上京区烏丸今出川上ル 岡松町258
Tel 075-411-2379　open 11:30〜20:00　close 月〜水＋日
電車　地下鉄烏丸線「今出川」駅より徒歩1分

メニュー
キャラメルオレ 400円
クレイジーチョコケーキ 400円

喫茶魂

カフェや喫茶店、それは「生きていくのに必ず必要なものではない」と、店主たちは口をそろえる。だからこそ、精魂こめて「あったほうが気持ちよく生活できるもの」に磨きをかける。

京都の人々が昔から愛してやまない喫茶店というかたちに寄り添ってお店を開いた人々の〝喫茶魂〟をご紹介しましょう。

31

御多福珈琲

河原町駅

地階へおりていって扉を開けると、カウンターの中でルパン三世そっくりの男性が顔を上げ、視線を合わせてにこっとした。それが野《の》田《だ》敦《あつ》司《し》さんだった。ネクタイにベスト。シャツの袖口にカフスボタン。三十代なのに、なんてクラシカルな服装。

お店の内装も負けずおとらず古典的で、深紅色のモケットソファが並ぶ姿は昭和時代の純喫茶そのもの。しかし、ここは二〇〇四年にオープンした喫茶店で、店内はその際に改装した新しいものだ。

会話と笑い声が飛びかうカウンターはつねに満席状態。来る人来る人、みんなひとりで階段をおりてきてカウンターに直行するのです。誰もが野田さんにいそいそと挨拶して腰をおろし、集まった顔ぶれをざっと見渡して、知った顔をみつけると近況を報告しあったりする。この日端の席では「結婚は資格制度にせよ」論が展開されていた。

そんな人々に混じって、初来店らしい若い女性客の姿があった。野田さんの采配はすばらしかった。彼女からそれとなく話をひきだしながら、居合わせた人々をごく自然に紹介していく。席を立つまでに彼女はみんなと知り合いになり、帰り際には激励や再会を願う言葉をかけられながら出ていった。鮮やかなコーヒーカウンター・マジック。

「喫茶店って、どこまでいっても人だと思うんです」と野田さん。人間が好きなのですかと訊ねると、「それは三十年くらい喫茶店をやってから答えを出したいですね」

お店の空気を支配できて初めて、マスターと呼ばれる資格があると野田さんは考えている。

「カウンター席の人たちのつながり

はどうか、盛りあがっているか、ボックス席の人が楽しんでいるか。店全体に心遣いを行き届かせなければいけない。僕は死ぬまでマスターと呼ばれることには抵抗があると思う」

謙虚な野田さんだが、周囲はこぞって彼をマスターと呼ぶ。

野田さんのコーヒー抽出を見て驚いてしまった。まずはその独特のスタイル。カリタ式ドリッパーにコーヒー粉をセットすると、腰を低く落として百m走のクラウチングスタートのように構える。きっと精神を統一しているのだろう。さらに驚嘆したのは抽出が完了したとき。ドリッパーの中で、お湯の軌跡が完璧な渦巻き模様を描いていた！

「京都はお手本になる喫茶店がたくさんあって、やりがいのある場所」と言う野田さんは和歌山の出身。社寺や古い文化への興味から、京都の大学に進んで日本仏教史を学んだという。それを聞いて膝を打った。そうか、御多福珈琲はすべての人をあたたかく受け入れる駆け込み寺で、このマスターは檀家《だんか》の人々に慕われる住職なのだ。

その日、野田さんはカウンター端

おたふくコーヒー　map....p250-no.03
京都市下京区寺町四条下ル 貞安前之町609
コロナビルB1F
Tel 075-256-6788
open 10:00〜22:00　close 毎月15日
電車　阪急電鉄「河原町」駅より徒歩4分
バス　市バス「四条河原町」下車

メニュー　ブレンドコーヒー 400円
焼き菓子各種 200円

にいた居酒屋の店主を私に紹介してくれた。渡されたショップカードを見ると、宿泊しているホテルから歩いて五分。女性ひとりでも平気ですよ、というので訪れてみた。
カウンター主体のこぢんまりした作りながら、お酒もお料理もじつに気が利いていた。日本酒のセレクトにセンスが光り、「京都人は本当はこってり味が好き」を裏づける、驚愕的濃厚さに達するまで煮こんだ鯖煮がたまらなかった。「近くにセブン※1という喫茶店がありますよ」と教えてくれたのは、この「両川《りょうせん》」※2の店主である。御多福の結ぶご縁。

※1　102ページに掲載。
※2　両川 Ryosen　京都市中京区押小路室町西入ル 蛸薬師町293／ Tel 075-222-1441

32

Rabbit Coffee

京都市役所前駅

ラビットコーヒー　map....p250-no.03
京都市中京区河原町御池下ル 福三ビル2F
Tel 075-255-7163　open 11:00〜22:30（LO 22:00）close 月
電車　地下鉄東西線「京都市役所前」駅より徒歩2分
バス　市バス「河原町三条」下車

メニュー　ラビットコーヒー 550円、ランチ 980円

何軒ものカフェでスタッフが休憩に行く場所として名前が挙がったお店。訪れてみて納得できた。オーソドックスな喫茶店の良さに満ちていて、なんだかほっとするのだ。

自慢のラビットコーヒーとはカプチーノ。たっぷりのきめ細かな泡が白兎《しろうさぎ》のしっぽのように唇に触れた。

若手アーティストの作品展示の場となっている点はカフェ的。世界を二周したマスターとの会話が愉快なのは、喫茶店的とも言えそう。「麺類のない国の料理はまずい」説の素敵な論拠と展開は、お店に行ってマスターから直接どうぞ。

33

喫茶 六花

東山駅

　ご近所喫茶店のお愉しみ要素といえば、おいしいコーヒーとカレー、チャーミングなデザインのマッチ箱、看板娘の美人姉妹。雪の結晶から名づけられた六花には、それらが奇跡のようにみな揃っていた。

　家族でおっとりと営まれている喫茶店である。美しい水色のタイルを貼ったカウンターの中に母と長女が立つ。次女は看板やマッチをデザインし、三女がときどきお店を手伝いに訪れる。父は自家菜園で、安心して食べられる野菜を丹精して育てて

きっさ ろっか map....p254-no.10
京都市東山区東大路三条三筋目白川筋
東入ル 唐戸鼻町562-1 Tel 075-541-3631
open 9:00〜18:00、日祝11:00〜18:00
close 水＋第2・4火
電車 地下鉄東西線「東山」駅より徒歩3分

メニュー　モーニングサービス 450円
カレーライス 850円

いる。それが六花のキッチンにたっぷりと運ばれてくる。
コーヒーはオオヤコーヒ焙煎所※の豆。懐かしさと新しさが交差する内装は、美術家の小山《こやま》田徹《だとおる》さんが手がけた。コバルトブルーの椅子がはっとするほど効いている。
昔ながらの喫茶店ふうに早くに店じまいするから、夕方の店内は静かだった。空腹をおぼえてカレーを注文した。赤ワインや自家製の青いトマトのジャムといっしょに、とれたての野菜を煮込んである。これがまた、飾らない味が沁《し》みる名作で。

※ 59ページに掲載。

♨ はしもとコーヒー　map....p253-no.06
京都市北区紫野西野町31-1 北大路通今宮神社鳥居前　Tel 075-494-2560
open 9:00〜18:00　close 無休　電車　地下鉄烏丸線「北大路」駅より徒歩20分
バス　市バス「船岡山」下車

メニュー　北大路ブレンド 300円、トースト 190円

34

はしもと珈琲

北大路駅

イノダコーヒ※の〝顔〟だった猪田《いのだ》彰《あき》郎《お》さんが考案したアキオブレンド。その豆を購入できるのはここだけと知ってお店を訪ねると、カウンターに並ぶ豆の袋に、彰郎さんの姿が描かれているのをみつけることができた。でも、この日私の記憶に刻まれたのは、それとはちょっと違うささやかな光景だ。

店主の橋本さんは十年間ほどイノダで彰郎さんと一緒に働いていたそうだ。お父さんもイノダ勤めだったというから、イノダの薫陶《くんとう》は全身に沁みわたっているのかもしれない。

「イノダでは言葉で教わるのではな

※ 76ページに掲載。

く、先輩の姿を見て伝わってくるものを学びました」

九八年に独立してオープンしたお店は、橋本さんが焙煎するコーヒーと居心地のよい時間を求めて、ご近所さんたちでにぎわっていた。明るく清潔な午後の店内で、心おきなく新聞をひろげるご年配の方々。旧市街の端に位置するので、古くからの住民が多いのだという。

「お店を続けるには、まじめにひとつひとつの仕事をこなしていくしかありません。毎日やめようと思うし、毎日続けようと思います」

そんな話をうかがっていると、欧米人の男性がお店に入ってきて橋本さんに包みを渡した。

「彼は前回いらしたとき、隣り合わせた常連のお客さまと意気投合したんです。その人がお店に来たらおみやげを渡してほしいと言うので、お預かりしました」

街角の喫茶店の、それはなんと善き光景だろう。その直後、配達の人がおおきにと言いながら店内に入ってくると同時に、お客さまがおおきにと言いながら帰ろうとし、橋本さんがおおきにと声をかけるのがほぼいっぺんに重なって、店内におおきにの三重唱が響くのを聞いた。

四章 本と珈琲、音楽と珈琲

読書をするとき、音楽を聴くとき、
コーヒーが欠かせないのは、
香りとカフェインが集中を
たすけてくれるからでしょうか。

カフェの本棚に並ぶ背表紙や
喫茶店のレコードジャケットを
じっくり眺めるのが楽しいのは、
それが店主との、言葉を介さない
会話になるからでしょうか。

35 ELEPHANT FACTORY COFFEE 河原町駅

散歩中に奇妙な場所に迷いこむことには慣れているのだけれど、このカフェを探したときは小さくたじろいでしまった——まさか、このすきまに入って行くんじゃないですよね？　道順は大阪の友人から詳しく聞いていたものの、大通りから小路に折れて眼の前に現れた光景は、路地というより「ビルのすきま」に近かったから。それでも半信半疑で進んでいくと、古いビルの階段の前に、小さな象の看板をみつけることができた。

二〇〇七年秋に誕生したエレファントファクトリーは、そのとき、半年目を迎えたところだった。築三十年を経て、微かに廃墟めいたビルの一室にひろがる〝象工場〟。店名は村上春樹《むらかみはるき》の『象工場のハッピーエンド』に由来する。

独特の空気感に満ちた美しさは、たちまち心を魅了した。いたるところに古本が積まれていた。黒ずんだ革のトランクの上に、古ぼけた木製ベンチの上に、天井近くの棚に。それらはカフェで読むことも、買って帰ることもできる。

オーナーの畑啓人さんは、この空間は一枚の写真から発想したものだと言って写真を見せてくれた。みずみずしい緑に囲まれた窓辺に、小さな丸椅子がひとつ。写真に写っていたのは、ただそれだけ。「窓のまわりはどんなふうになっているんだろう、と想像をひろげていったんです」

風景の断片からインスピレーションを得て、頭の中のスクリーンに全体像を描いていく作業は、読書の愉しみに通じるかもしれない。

一杯ずつていねいにドリップされるコーヒーも、本とともに味わうのにふさわしい味わい。北海道の小さな焙煎店「豆灯《トウトウ》」から取り寄せる豆の凜とした力強い苦みと豊かなコクが、本のページに流れる物語の伴奏をしてくれる。まろやかなコーヒーの多い京都には珍しいテイストだ。畑さんはひとりで本を一冊持ってふらりと出かけられる、自分好みのコーヒーを出すお店が身近にないからと、このカフェを開いたという。

でもこのとき、お店を訪れる人はまだ本当に少なかった。ここには一般的なカフェが得意とするランチや夕食がない。主役はあくまでもおいしいコーヒー。そんなストイックなカフェを続けていくには、作り手のゆるぎない信念と、良いお客さまとの相思相愛が成立しなければ困難なのだ。

この美しい象工場に強く惹かれると同時に、不安も感じないわけにはいかなかった。名店だから永く存続するという保証はどこにもない。村上春樹には『象の消滅』と題した短編だってあるし……。


一年後。夜の店内は活気がありながらも静かなトーンが支配する、理想的な温度に変わっていた。ひとりで本を読む若い男性、女性。会話に夢中になっているご年配の男性たち。象工場はすっかり人気店に変貌していた。

とくにきっかけがあったわけではないんです、と畑さんは言う。一度訪れた人が次に友人を伴ってやって来たり、その友人が通ってくるようになったりと、少しずつ、少しずつ、この空間を愛する人々が増えていったらしい。

こんなエピソードを聞いた。ある日、外国人の男性二人と日本人女性の三人組が二日続けてお店を訪れ、女性が畑さんに話しかけてきた。

「この二人はオーストラリアに住んでいます。今回の来日の目的の半分は、エレファントファクトリーに来ることだったと言っています」

エレファントファクトリーコーヒー　map....p250-no.03
京都市中京区蛸薬師通東入ル 備前島町309-4 HKビル2F
Tel 075-212-1808　open 13:00〜25:00　close 木
電車　阪急電鉄「河原町」駅より徒歩4分
バス　市バス「四条河原町」下車

男性たちはオーストラリアの街で、六十日間にわたって「部屋に椅子をひとつだけ置いて、やってきた人間と会話を交わし、話題がとぎれるまで真剣に話しつづける」というパフォーマンスをおこなっていた。そこに入っていったのが彼女である。交わされた会話の一部は――「僕は京都に行ったことがある。京都で出会ったエレファントファクトリーというお店はすばらしかった」「エレファントファクトリーですって？　私も大好きです」

遠く離れた異国で、象工場という価値観を共有する人と人が出会い、親しくなるという不思議。人間は五感に素直に生きていれば、出会うべき人や場所に出会えるのかもしれない。そしてこのカフェは、出会いのきっかけをもたらす何かを秘めている。人々が「なんか、いいんだよね」と象工場を語るのは、そんな目に見えない力に感応しているのだと思う。

「最初の苦しい一年を乗りこえたからこそ、いまがあるのだと思います」

そのころ畑さんは、一日にほんの数名のお客さまと、けんめいに言葉を交わしていたそうだ。そのひっそりとした真摯な光景を想像すると、オーストラリアの男性たちの試みとの共通点があるように思えてならない。

メニュー　コーヒー各種600円、ミニチーズケーキ400円

36

月と六ペンス

烏丸御池駅

モームの小説と同じ店名に惹かれて、古ぼけたビルの一室にあるカフェを探しあてた。店内はあきらかに、ひとりで訪れることを前提に設計されていた。すべての椅子がカウンターに沿って窓や壁のほうを向くスタイルは、まさに読書の楽園。深みのある壁の色調や木の質感が、心を沈静させてくれる。

壁のぐるりに、オーナーの柴垣希好さんが特注した木製の書棚がある。私はひとつひとつの背表紙をたどっていった。保坂和志《ほさかかずし》の『猫に時間の流れる』に、堀江敏幸《ほりえとしゆき》の『雪沼とその周辺』、稲垣足穂《いながきたるほ》、吉田篤弘《よしだあつひろ》、佐野洋子《さのようこ》……この本棚には見おぼえがあった。そう、まるでうちの本棚！

読書に没頭するお客さまの背中を見ながら、柴垣さんもカウンターの中で好きな本を読んでいる。「ご自由にお取りください」という言葉を添えてカウンターに置いてある素敵なブックカバーは、彼がデザインしたものだ。

柴垣さんの人生を変えた一冊は、沢木耕太郎《さわきこうたろう》の『深夜特急』。旅はもとから

つきとろくぺんす　map....p249-no.02
京都市中京区二条通高倉西入ル 松屋町62 杉野ビル2F
Tel 090-9058-8976　open 12:00〜20:00　close 日＋月1回不定休
電車　地下鉄烏丸線・東西線「烏丸御池」駅より徒歩8分
バス　市バス「京都市役所前」下車

好きだったけれど、この読書体験のおかげでますます「ひとりで知らない土地に行って不安になるのが好き」になったという。

毎年出かけたフランスで美味なるバゲットに開眼し、柴垣さんはまず京都市内でカスクート、つまりバゲットサンドの移動販売を始めた。本場のおいしさに近いという理由で選んだのは、北大路のブーランジェリー「レトランジェ」のバゲット。これが月と六ペンスの人気メニューになっている。かりっと焼けた皮が香ばしい、絶品のサンド。「GENTLE COFFEE」の豆を使ったコーヒーと

メニュー　コーヒー450円、バゲットサンド ¥650

の相性もいい。

モームの『月と六ペンス』において、「月」は主人公を平凡な人生から駆りたてる情熱や夢、「六ペンス」は俗世間や現実を象徴していると解釈することができる。

「コーヒーは時間を止めるもの」

柴垣さんはそう語る。

本当に、ここでは時間が静止しているようだ。外界とはなるべく隔絶された世界を造るために、わざわざわかりにくい場所が選ばれている。このカフェは、ひとときの夢にひたれる静謐な「月」の世界なのだ。

37

café anonima

茶山駅

カフェ アノニマ　map....p247-no.01
京都市左京区一乗寺樋ノ口町27
Tel 075-703-6672　open 11:00〜21:00、金土・祝前日11:00〜23:00　close 木
電車　叡山電鉄「茶山」駅より徒歩15分
バス　市バス「一乗寺木ノ本町」下車

ウッドデッキのテラスのゆるやかなスロープを通って、本と緑に溢れる店内へ。天井から下がる鉄製の大きな棚が、開放感を保ちながらキッチンスペースを仕切っていて目に快い。この棚も鉄製の重たい椅子や木のテーブルも、オーナーが友人の建築家と相談しながら造ったという。

店名はスペイン語で「誰のものでもない」＝《イコール》みんなのものを意味する。アジア各国やメキシコを旅してきたオーナー。書架に旅の本が多いのはその名残りだ。

コーヒーは自家焙煎し、コーノ式ドリッパーで抽出する。冷めてもお

メニュー　アノニマブレンド400円、オムライス800円、クレームブリュレ400円

いしいのが自慢のブレンドを飲みながら、映画『スモーク』の話をきっかけに、あるノートを見せていただいた。映画の舞台は街角の煙草屋で、これがまことに喫茶店的な空間なのだが、煙草屋の店主は毎日、街路にカメラを向けて定点観測をする。

「僕も毎日、同じ時間に撮影しているんですよ」

三年間、毎日、カフェの奥からテラスに向けてシャッターを切る。ノートにはその写真が並んでいた。時刻は十三時三十三分。日々のかけがえのない記録は、誰のものでもなく、みんなの小さな宝物だと思う。

38

TRACTION book cafe

烏丸御池駅

トラクションという響きは図書館と似てはいないだろうか？　二〇〇四年に誕生した絵本と雑誌の図書館のようなこのカフェは、すぐに人気を博して手狭になり、二〇〇七年に二倍のスペースを持つビルの三階へと移転した。私が二階まで階段をのぼったところで、ひきずっていた旅行用スーツケースが転がり落ち、通りまで飛びだした（ビルの上のカフェには身軽な格好で行きましょう）。

オーナーの福田さんは『100万回生きたねこ』に感銘を受けて絵本の収集を始め、目下、蔵書は八百冊以上。とびきり好きな一冊は「世界一

トラクション ブックカフェ　map....p251-no.03
京都市中京区六角通高倉東入ル堀之上町129 プラネシア六角高倉3F
Tel 075-231-6895　open 11:30〜24:00　close 木（祝日の場合は営業）
電車　地下鉄烏丸線・東西線「烏丸御池」駅より徒歩7分
バス　市バス「烏丸三条」下車

メニュー　ショコララテ 600円、マチェドニア 750円

美しい絵本だと思います」と、チェコの絵本作家ヨゼフ・パレチェクの『人魚ひめ』を見せてくれた。他にも東欧の絵本が多数集められている。

訪れるのは読書目的の人ばかりではない。福田さんの好きなものだけを集めた広い空間と、つかず離れずの接客のおかげで、のびのびと過ごすことができる。壁や窓に貼られているのはフランス製VYNILの黒猫や大きなエンパイアステートビルのシール。中には目盛りがついていて身長が測れるシールもある。楽しいことに、実際に測定していった子どもがいるのですって。

ミハス・ピトゥー　map....p248-no.02
京都市東山区東大路安井上ル 月見町6
Tel 075-533-1010　open 12:30〜20:00　close 不定休
電車　京阪電鉄「祇園四条」駅より徒歩9分

39

Mijas Pittoo 祇園四条駅

小さな一軒家の地階から二階まで、万華鏡めいた雑貨の天国。狭い階段をつまずきながらのぼると、苔色のソファが置かれていた。ここでお茶を飲みながら、好きな絵本のページをめくることができる。

夜、道路の向かい側からこの一軒家を眺めると、幻想的なオレンジ色に光っている。夢そのものが発光しているようなその光景が好きなのだとオーナーの原田裕一《はらだゆういち》さんは言う。

原田さんはアルバイトをしていた雑貨屋でその可愛さに開眼し、自分のお店をオープンさせた。乙女はあらゆる人の体内に潜んでいるのだ。

メニュー　紅茶 500円

年に一度、海外に雑貨を買いつけに出かけるが、「絵本の王道は親子がいっしょに楽しむこと」と、書架には和訳された絵本が並んでいる。きれいな絵を愛でるだけではなく、物語をまるごと味わえることを大事にしているのだ。書架の一角に、大好きだった『エルマーのぼうけん』のシリーズをみつけた。
一九四五年以前の建築としか判明していない建物は、以前の住人によって増改築が繰り返され、玄関すぐの場所にお風呂があるという奇妙で複雑な間取りだったそう。その迷宮性が、いっそう乙女心を惹きつける。

40

雨林舎

二条駅

美しい響きを持つ店名が、店主の奥田さん姉弟のセンスをうかがわせる。開店以来いっしょにカウンターに立ってきた弟さんは、今春にカフェを離れ、古本屋を開いた。

雨音を聞きながら仄暗《ほのぐら》い片隅で読書をする心地よさ。店主はそれをよく知っているのだと思う。書架の前の大テーブルに座れば、奥庭に降る雨をゆっくり鑑賞することができる。

雨の匂いとコーヒーの匂いはどこかで密かにつながっている。晴天の日でも、築七十年の町家の天井からはガラス製の雨粒がゆらゆら揺れて、人々の憩いの時間を見守る。

うりんしゃ　map....p252-no.04
京都市中京区西ノ京小倉町22-12
Tel 075-822-6281　open 11:30〜20:30　close 月＋火
電車　JR嵯峨野線・地下鉄東西線「二条」駅より徒歩5分
バス　市バス「二条駅前」下車

メニュー　コーヒー 420円、ホットケーキ 300円、きょうのごはん 800円〜

きさらどう　map....p247-no.01
京都市左京区高野玉岡町49 グリーン28 1F南
Tel 075-724-8802　open 11:30〜22:00　close 水
電車　叡山電鉄「一乗寺」駅より徒歩4分
バス　市バス「高野」、「一乗寺高槻町」下車

41

きさら堂

一乗寺駅

本好きの人が一乗寺という地名を聞けば、ただちに「恵文社一乗寺店！」が口をついて出ると思う。独自の魅力的なセレクションで全国に知られる書店だ。

恵文社の帰りに寄って本が読める喫茶店があれば、というまことに正統的な理由で誕生したのがきさら堂。界隈には大学が多く、オーガニックコーヒーや健康的なごはんをお財布にやさしい価格で提供している。「学生時代によく来ました、と言って再訪してくださるお客さまも多いんですよ」とオーナーの村上夫妻。この日はアーティストの作品展示中。

メニュー　ヨーロピアンブレンド350円、抹茶シフォンケーキ450円

42

名曲喫茶 柳月堂

出町柳駅

沼田《ぬまた》元氣《げんき》氏の名著『喫茶遺産』には昭和三〇年代前後の喫茶店建築の写真が集められていて、華麗な調度品や、なにかしら逸脱の感じられる意匠に目を奪われるのだけれど、それらの〝遺産〟は街角から消えて久しい。

柳月堂は現存する貴重な喫茶遺産のひとつ。リスニングルームには「私語厳禁」をはじめとした無数のマナーも生きつづけている。これほど完全なかたちで名曲喫茶が存続しているのは、まれなことだと思う。

出町柳の駅のすぐそば、昔ながらの製法を守るくるみパンが人気の「ベーカリー柳月堂」。バイオリンを趣味とする店主の陳芳福氏は、一九四五年に当時のパン工場の隣に名曲喫茶を開いた。そこには多数の学生たちが集まり、自宅では体験することのできない高価な音響装置から流れてくるクラシック音楽の豊かな音色に身をゆだねながら時を過ごしたという。現在は息子の陳壮一さんが引き継いでいる。

メニュー　コーヒー550円（ミュージックチャージ200円〜）

KLEIBER
BAR

BAR

リクエスト者席

めいきょくきっさ りゅうげつどう　map....p247-no.01
京都市左京区田中下柳町5-1 柳月堂2F
Tel 075-781-5162　open 10:00〜21:00　close 無休
電車　叡山電鉄・京阪電鉄「出町柳」駅より徒歩2分
バス　市バス「出町柳駅前」下車

ベーカリー柳月堂の横にある階段をのぼっていくと、名曲喫茶の入口があった。入ってすぐ右手はアンティークの重厚なカップボードが置かれた美しいバー。会話を楽しみたい人々のためのスペースである。

入口奥がリスニングルームだが、その手前にはたくさんの注意書きが貼られていて、奥の間が音楽のためのサンクチュアリであることを知らせる。たとえば、

○金曜日と土曜日の午前中に第一曲のリクエストをなさる方に限り、マーラー、ブルックナーのリクエストをお受けします。
○柳月堂のパンをリスニングルームで召し上がられるお客さまへのお願い：中に持ち込まれる前に、音がする包装（ビニールなど）を取り外して下さい。
○たばこを吸われるお客様へ：Zippoなどをお使いになる場合、フタの開閉音にご注意下さい。

ステンドグラスから光の射すリスニングルームは、さながら礼拝堂。すべての椅子が巨大なスピーカーを安置した祭壇に向けられている。常連客だった人物の位牌を膝にして聴いている人がいたり、亡き音楽評論家のレコードが寄付されたりと、名曲とともに生きた人々の魂は、今もここに集まってくる。

ヤマトヤ　map....p252-no.05
京都市左京区東山丸太町東入ル2筋目下ル
Tel 075-761-7685　oepn 12:00〜24:00　close 水（祝日の場合は営業）
電車　京阪電鉄「神宮丸太町」駅より徒歩6分
バス　市バス「熊野神社前」下車

43

YAMATOYA

神宮丸太町駅

一九七〇年にオープンし、五木《いつき》寛《ひろ》之《ゆき》の小説『燃ゆる秋』にも登場したジャズ喫茶。かつて近くに住んでいた五木氏は常連客のひとりだった。

オープン当初は二階を私語禁止のジャズ喫茶に、一階を会話可能の喫茶にしていた、と店主の熊代忠史さんにうかがった。京都で初めてライブをおこなったジャズ喫茶はここ。セシル・テイラー、マル・ウォルドロンら海外の名だたるミュージシャンがヤマトヤで演奏した。チック・コリアが京都に二ヶ月間住んだときは、熊代さんがサポートしたという。

ジャズを聴くことが、すなわち時

メニュー　ブレンドコーヒー 600円

代の先端の熱気と知性に触れることにつながった時代があった。そんな熱い空気はもはや店内には残っていないけれど、「店も、時代とともに変わっていくのがいいんだと思う」と熊代さん。二階は二十年前に閉じた。その後も「変わらないように見えるけど、じつは少しずつ新しくなっている」という。

熊代さんは自分の陶芸工房での作品作りにも力を注いでいる。数千枚のレコードとともに展示されているうつわは熊代さんの作品。コーヒーは、アトリエのある花脊《はなせ》から毎日、名水を汲んできて抽出している。

44

ambient cafe mole

京都市役所前駅

「森に包まれたようなカフェがありますよ」と知人が教えてくれた。彼女は京都旅行中にその仄暗い森の中で休息して、すっかり心がほどけたらしい。

御《み》幸《ゆき》町通《まちどおり》の細道を歩いていくと、カフェの存在はすぐにわかった。そこだけが濃い緑だったから。

店内では二十歳以上という大きなパキラが葉をひろげている。訪れる人々は亜熱帯の森に漂う細かな水滴と快い音楽を浴びて、精気を回復する。

オーナーは京都を拠点に日本各地でライブ活動をおこなうバンド「SOFT」のベーシスト、右近雅人さ

アンビエントカフェ モール　map....p248-no.02
京都市中京区御幸町通二条下ル 山本町424
Tel 075-256-2038　open 11:30〜18:00　close 水
電車　地下鉄東西線「京都市役所前」駅より徒歩4分
バス　市バス「京都市役所前」下車

メニュー　チャイ 500円、キーマカレー（サラダ付き）700円

ん。父親が三十年間経営していたバーを譲り受け、カフェを開いた。お店には世代や音楽のジャンルを問わずミュージシャンたちが集まってくる。

「いろいろな考えを受け入れて生きて行けたら楽しいと思う。人間は一人ずつ違うのがあたりまえだから」

音楽に興味がなくても、右近さんがインド旅行中に食堂のキッチンに潜入して教えてもらったカレーのおいしさに惹かれて通う人々も多い。

右近さんはマダガスカルにバオバブの樹を見に行った。今年リリースされたCDのジャケットには、星空とそのバオバブの樹が描かれている。

京都で出会った珈琲焙煎人たち

和食をしめくくる一杯。そのためだけに焙煎をする人。
実家の老舗喫茶店で使う豆を焙煎する息子夫婦。
それぞれのスタイルに、京都らしさが感じられる。

独創的な「ちょっとコーヒー」焙煎人のこと

銀閣寺の近くに、京都でいちばん予約が取りにくい和食店として知られる「草《そう》喰《じき》なかひがし」がお店を構えている。野趣と創意に溢れるすばらしいお料理をいただけるのだが、この本でご紹介したいのは、夕食のコース料理の最後に透明なショットグラスに注がれる、冷たい「ちょっとコーヒー」のことだ。

和食とコーヒーの相性に首をかしげる人もいるかもしれない。けれども私は日本茶では食事を締めくくることができず、たとえお寿司屋さんで大きな湯飲みに入った熱いお茶を飲んだあとでも、必ずエスプレッソを飲みにカフェへ行く。コーヒーの鮮やかな苦みがないと、幕が下ろせないのだ。なかひがしのご主人も同じことをおっしゃっていた。
「最後はコーヒーで、しゃっきりと気持ちを起こしてお帰りいただきたいんです」
「ちょっとコーヒー」をひと口すると、苦みのインパクトが舌に押し寄せる。でも、少し時間をおいてふた口目を飲むと、とつぜんコーヒーに羽根がはえて軽くなる。三口目には甘みを感じる。そして最後に飲み干すとき、コーヒーは重力をふりきって舞いあがり、一瞬にしてすっと消えるのだ。

なかひがしの夕食を締めくくるためだけに作られる、贅沢な冷たいしずく。独創的な方法でこのコーヒーを焙煎、抽出、熟成させているのはHKさん。壊れた焙煎機をみずから改造して愛用しており、水出し抽出に使用する一〇〇%の精製水も自分で精製してしまう。

HKさんは水出しコーヒーを作って密封容器に入れ、なんと十五日のあいだ冷蔵庫にねかせて熟成させる。おそらく無味無臭の完璧な精製水だからそんなことができるのだろう。作りたてのコーヒーは香りが先に来てしまうが、「恋人どうしが喧嘩をしていても、ちょっとしたきっかけで仲良くなるように」、ねかせておくとバランスがまとまるという。熟成後の一週間だけが飲みごろとして、なかひがしのカウンターにのぼる。

彼の本業は焙煎人ではない。京都にはユニークな人が隠れているのだ。

郊外の焙煎店のこと　…GARUDA COFFEE

駅名を「ごりょう」と発音したら、「みささぎ」と読むのですよと教えられた。この土地には、深い緑に護られた天智天皇陵が横たわっている。大化の改新から一三六二年後、自家焙煎コーヒー豆を販売するガルーダコーヒーは、天智天皇陵へと続く道のすぐそばにお店を構えた。

オーナーの北村夫妻の実家は烏丸高辻で三十五年続く喫茶店「高木珈琲」。南方の航空会社を思わせる店名は、高木珈琲の片隅に飾られているインドネシアの神さまにあやかったそう。

北村さんは自宅のガレージだった場所に半熱風式の焙煎機を設置し、高木珈琲で使う豆や、小売り用の豆を焙煎している。朝に焙煎機を回していると、ご近所の人々が「いい匂いやね」と豆を買いに来ることも多いという。

「コーヒー屋さんと結婚して、自分でも焙煎したての新鮮な豆を挽いて淹れるようになってから、きれいな酸味のあるコーヒーも好きになりました」と北村ゆかりさん。

「シンプルなルールさえ守れば、自宅でも簡単においしいコーヒーが淹れられることを伝えたい」

メニュー　ガルーダブレンド（100g）　400円　※カフェではありません。

試飲させていただいたコーヒーは、バランスのとれたおいしさ。日常的な飲みやすさを大切にした風味が、高齢の常連さんたちにも親しまれている。

ガルーダコーヒー　map....p255-no.13
京都市山科区御陵別所町11-11
Tel 075-202-6228　open お店のWebサイトでご確認ください。http://garuda-coffee.com/
電車　地下鉄東西線「御陵」駅より徒歩9分

五章

町家、洋館、長屋をカフェに

戦災を免れた京都には、
街のそこかしこに由緒ある建物が残っている。
人が住まわなくなれば朽ちていくだけの建物に、
第二の生命を与えているのがカフェ。
廃校となった小学校の校舎や町家、銭湯などが
カフェに再生されて新しい表情で人々を迎える光景は、
もはや京都ではすっかり身近なものになっています。

45

前田珈琲 明倫店

四条駅／烏丸駅

百二十年以上の歴史を刻んで、惜しまれつつ廃校となった明倫小学校。その校舎が二〇〇〇年から京都芸術センターとして活用されている。門をくぐると、薪を背負った二宮金次郎の石像が今もなお熱心に読書を続けていた。

子どもたちが学んだ教室は、ギャラリーや制作室に姿を変えている。板張りの長い廊下に教室の扉がならんでいる光景は、記憶のいろいろな部分にそっと触れてくる。階段の下に立つと、踊り場の窓から光がこぼれている光景に、少しのあいだ放心してしまう。二階にある「談話室」はかつての教室の光景そのもの。ぜひのぞいてみてくださいね。

教室のひとつでコーヒーや種類豊富なスイーツ、軽食を提供しているのが前田珈琲。「うちの本店はオフィス街にあり、コーヒー一杯でも出前をするなど、地域の喫茶店として貢献できるよう努力してきたので、京都芸術センターに声をかけていただいたんだと思います」と話してくれたのは、コーヒーマイ

まえだコーヒー めいりんてん　map....p249-no.02
京都市中京区室町通蛸薬師下ル 山伏山町546-2 京都芸術センター内1F
Tel 075-221-2224　open 10:00〜21:30　close 無休
電車　地下鉄烏丸線「四条」駅、阪急京都線「烏丸」駅より徒歩4分
バス　市バス「四条烏丸」下車

スターの資格を持つスタッフ。

入口の頭上には、かつて「一年三組」などとクラス名が書かれていたであろうプレートに「カフェ」と表示されていて、いっそうの懐かしさを呼び起こす。店内には老若男女、国内外の観光客たちが気取らない空気の中で楽しんでいた。ときにはご年配の方々が十名くらいでなごやかにテーブルを囲み、スタッフに「私たちは明倫小学校の卒業生なんですよ」と耳打ちすることもあるそう。

「いつも同じお店に立って、同じ味のコーヒーを提供しているのですが、さまざまなお客さまがいらっしゃるので毎日が新鮮です」

コーヒーは誰が飲んでもおいしいと思える、後味のすっきりした風味を心がけている。各地のデパートの京都物産展などの催事に出店することもある。

「一年目の催事に来てコーヒーを飲んでくれた人が、二年目の催事にも来て『待ってたよ!』と声をかけてくれることが本当に嬉しいですね。小さなコーヒー豆のひとつぶが、京都と東京の距離を縮めてくれるんです」

スタッフから「コーヒーは〝飲む音楽〟だと思います」という素敵な言葉を聞いた。そして前田珈琲では、「聴く人がいてこその音楽」なのである。

メニュー　ブレンドコーヒー 350円、日替わりシフォンケーキ 380円

46

OKU 祇園四条駅

京都通いをしているうちに「観光客の行くところには行かない」と言いだす私のような観光客もいるのだけれど、久しぶりに祇園《ぎおん》を散策してみて、なんともったいない考えだったのかと思い知らされた。花見小路《はなみこうじ》を見物しただけでは決して気づくことのない、ひっそりと奥まった小路の風情。どこからかお稽古中の三味線の音が漏れてきて、ふっと途絶える。そこに生活する人々しか知らないであろう無数の細かなルールを想像しながら、足まかせに祇園の小路から小路へと迷いこんでいく喜びこそ、京都の旅の醍醐味だと思う。

そんな散策の休憩所として格好の小路に、OKUは扉を開いている。プロデュースしたのは摘草料理で名高い料理旅館、花脊「美山荘《みやまそう》」主人の中東久人氏。花脊の素材を用いた季節のおばんざいや「美山荘のおばんざい」が、日本の美をコンセプトにデザインされたオリジナルのうつわで供される。

お茶の時間に、チーズケーキをいただいた。まろやかな風味と力強いコク、

オク　map....p248-no.02
京都市東山区祇園町南側570-119
Tel 075-531-4776　open 11:00〜19:00　close 火
電車　京阪電鉄「祇園四条」駅より徒歩4分
バス　市バス「祇園」下車

二種のデンマーク産高級クリームチーズを合わせて作る濃厚なおいしさ。コーヒーは美山にあるオオヤコーヒ焙煎所※の豆を、花脊の澄んだ湧き水で抽出している。カフェ好きにとってはこのうえない贅沢！　お料理やスイーツづくりにもこの湧き水が使われている。

贅沢といえば、町家を改装した店内のしつらいも、伝統に現代的センスを吹きこんだ洗練されたもの。緑が冴える庭は従来の坪庭の様式ではなく、町なかにいながら山の空気を味わえるように、花脊の山の清流をイメージして作られている。店内では、花脊の杉の木から作られたテーブルに、イタリア製のグローブチェアが鮮やかなスミレ色のアクセントを添える。

二階に上がると、印象の違う空間がひろがる。こちらは黒とシルバーがアクセントカラー。京都出身のアーティスト、山《やま》尾《お》光《こう》平《へい》の屏風が目をひいた。

この日、出格子の内側には朝顔を描いた美しい水うちわが飾られ、お香がほのかに煙をくゆらせていた。その光景に魅せられて、私は何度もカメラのシャッターを切った。名人なら一発でしとめるのですが。

※ 59ページに掲載。

メニュー　コーヒー 800円、チーズケーキドリンクセット 1300円

ゆうけいサロン・ド・テ　map....p250-no.03
京都市中京区姉小路通麩屋町東入ル
Tel 075-212-8883　open 11:00〜19:00　close 火
電車　地下鉄東西線「京都市役所前」駅より徒歩5分
バス　市バス「河原町三条」下車

47

遊形サロン・ド・テ

京都市役所前駅

京都を代表する名旅館、俵屋《たわらや》。従来は俵屋の宿泊客だけしか味わうことのできなかったお迎え菓子の特製わらび餅が、旅館からほど近い場所に誕生した喫茶室でもいただけるようになったと聞き、葉桜の輝く季節にお店を訪れた。

明治時代に建てられた町家を改修したサロン・ド・テ。天井の明かり取りから純白の光が差し、水を打ったばかりの坪庭には黄梅の花が揺れている。

美しい調度品はすべて俵屋の十一代目当主である佐藤年《さとうとし》さんのコレクション。ハンス・ウェグナー、フィ

メニュー　俵屋特製わらび餅（煎茶またはほうじ茶付き）2000円

ン・ユールなど北欧デザインの巨匠たちが手がけたアンティークの椅子が並んでいる。築百年を経てモダンに生まれ変わった町家の空間と、北欧家具のごく自然な相性の良さは驚くばかり。空間のすみずみまで丹念に清められていることに、作り手の美意識の高さがうかがえる。
竹筒に入ったわらび餅は、作りたてでふるふると柔らかく、しかも快い弾力をみなぎらせていた。純度の高い稀少な本わらび粉を用いて、俵屋の厨房で作られる。コーヒーとケーキは、惜しまれつつ閉店したカフェ・リドル直伝の味だそう。

好日居※店主に教わって訪ねたあじき路地は、大正時代に建てられた二軒の長屋が向かいあう袋小路。入口にある銭湯「大黒湯」からは、夕方ともなれば洗面器が響かせる心地よい反響音や石鹸の香りが漂ってきて、味わいも格別。

この長屋には、革職人やデザイナーなど、若いアーティストたちが住んでいる。心温かい大家さんが「ものづくりをして販売する人」「職住一体」などの条件を満たした人々に、格安で部屋を提供しているという。そのおかげで袋小路にはつねにいきいきした風が吹いている。

※ 206ページに掲載。

48

照明器具と喫茶室 月あかり

清水五条駅

しょうめいきぐときっさしつ つきあかり　map....p255-no.11
京都市東山区大黒町通松原下ル2丁目 山城町284 あじき路地北2号
Tel 075-204-8700　open 土日11:30～19:00　close 月～金
電車　京阪電鉄「清水五条」駅より徒歩5分
バス　市バス「河原町五条」下車

メニュー　コーヒー各種 500円～、その日のケーキ 520円～

住民の一人である照明デザイナーの村上《むらかみ》菜也子《さよこ》さんは、一階で土日だけの喫茶室を開いている。二階はアトリエを兼ねた住まい。靴を脱いで部屋に上がると、可憐な舞妓さんがケーキを前にしてくつろいでいた。ここは花街の一角にあるのだ。横目で見とれながら、同じ大テーブルを囲んで、コーヒーと手作りのクラシックショコラを楽しんだ。

仄暗い室内に、雲や和菓子を象《かたど》った村上さんの照明がほんのり浮かびあがる。表の路地では、お地蔵さまの祠《ほこら》が初夏のうららかな陽光を浴びていた。

カフェ・アンデパンダン　map....p250-no.03
京都市中京区三条通御幸町東入ル 弁慶石町56　1928ビルB1F
Tel 075-255-4312　open 11:30〜24:00　close 無休
電車　地下鉄東西線「京都市役所前」駅より徒歩5分

49

CAFÉ INDÉPENDANTS

京都市役所前駅

地下に降りていく階段のちょっと凄味のある佇まいが、異空間への旅を予告する。何十年にもわたって、ビラが幾重にも貼りつけられては剥がされてきたような壁。階段を彩るタイルの不思議な渦巻き。

廃墟のような質感は独特の魅力にあふれていて、かつて私が通った大学の崩れそうな地下室を思いださせた。そこで上映されたアンジェイ・ワイダのざらつく映像も。

建築家、武《たけ》田《だ》五《ご》一《いち》の代表的作品のひとつとして有形文化財に登録されたこのビルを、私はいつも三条御幸町の目じるしにしている。建物は

メニュー　チャイ 520円、プレートランチ 630円

一九二八年に毎日新聞社の京都支局として造られ、正面の星形のバルコニーは社章を象っているという。新聞社の移転後に空きビルとなっていたのを、建築家、若林広幸《わかばやしひろゆき》氏が買い取り、往年の姿のままに保存している。
カフェはずっと使われていなかった地階の倉庫に誕生した。長いテーブルとベンチはこのビルで使われていたものだ。セルフサービスで、レジで注文と支払いをすませたら、あとは好きなテーブルで好きなだけ過ごしてください、という干渉しないスタイル。この古びた地下は、自由な空気に満ちている。

50

ことばのはおと

丸太町駅

藤紫色の暖簾《のれん》をくぐり、格子戸を引いた先は、町家特有のミセニワと呼ばれる土間。音を聞きつけたスタッフが勝手口の板戸を開けて顔を出し、こちらへどうぞと座敷に招き入れてくれた。

築百五十年になる町家が、古本と喫茶の空間として風情豊かに活用されている。洗面所はえんがわに出て、緑濃い座敷庭に面した廊下を渡った先。『陰翳礼讃《いんえいらいさん》』の中の〝厠こそ日本建築の風雅の神髄〟というくだりを思いだしたりする。

言の葉がさわさわと揺れる音が聞こえるような、静かなひととき。

ことばのはおと　map....p252-no.04
京都市上京区油小路通長者町下ル 大黒屋町34
Tel 075-414-2050　open 11:30〜19:30　close 月＋火
電車　地下鉄烏丸線「丸太町」駅より徒歩15分
バス　市バス「堀川下長者町」下車

メニュー　抹茶ミルク 550円、ココナッツカレー 750円

フランジパニ　map....p253-no.06
京都市上京区室町通鞍馬口下ル森之木町462
Tel 075-411-2245　open 10:00〜18:00　close 日＋月1回不定休
電車　地下鉄烏丸線「鞍馬口」駅より徒歩2分

51

Prangipani

鞍馬口駅

築八十年になる民家の一角を利用して、魅力的なカフェが造られている。和洋をさりげなく組み合わせた空間に、エスニックな要素をほんの微量香らせたしつらい。店名はバリに咲く、天国のような香りを放つ白い花に由来する。

ソファが並ぶ土間の奥に座敷があり、昭和のごく普通の家庭の客間を思わせる。市松模様の障子ごしに、坪庭の緑と光が透けて美しい。

コーヒーは自家焙煎店「カフェ・ド・ガウディ」の苦みの効いた豆を使用。きちんとドリップされたおいしい一杯を楽しむことができる。

メニュー
手作りケーキセット 550円
チキンカレー 650円

ひだまり　map....p254-no.08
京都市上京区五辻通六軒町西入ル 溝前町100-99
Tel 075-465-1330　open 10:00〜日暮れまで　close 不定休
電車　京福電鉄（嵐電北野線）「北野白梅町」駅より徒歩20分
バス　市バス「千本今出川」下車

52

ひだまり

北野白梅町駅

高い天窓から、おくどさんに光が射していた。築八十年になる町家を用いたこのカフェは、走り庭の土間に残るおくどさん、つまり竈《かまど》のある土間の光景が何より楽しい。

かつては、自宅を建て替える人々が仮住まいをするための家として使われていたそうだ。家族が半年だけ住んでは出ていく。そのため、カフェのお客さまの中に「ここに住んだことがある」と申告する人が多くて驚きます、と京町家に惹かれて関東から移住した女性店主が教えてくれた。さまざまな生活が営まれてきた空間は、記憶のひだまりなのだ。

メニュー　珈琲各種 350円〜、黒豆のカステラ 350円

53

les trois maisons

今出川駅からバス

東京でカフェスタイルのひとつを創造したオーナーが、東京と京都の架け橋に、と開いた旅館&カフェ。二階建ての家屋は、築八十年になる町家を再生。奥のギャラリー部分は織機の修理工場だったという来歴に、西陣らしさが漂っている。

高い天井の下、走り庭を抜けて座敷へと上がる風情。揺れるあかりの陰影。気軽にワインが楽しめるメニュー構成などに、独自の美意識や哲学がうかがえる。軒先にはかつての住人の表札が残されていて、これを店名にした洒落っ気にも脱帽した。「三宅《みやけ》」さんである。

レトロワメゾン　map....p254-no.08
京都市上京区千本通五辻東入2筋目上ル姥ケ榎木町848
Tel 075-950-7299
open 11:30〜18:00（LO17:00）　金土・祝前日11:30〜22:00（LO21:00）
close 火＋第2月
電車　地下鉄烏丸線「今出川」駅より、市バス51・59・102系統「今出川浄福寺」下車3分

メニュー　カフェ・クレーム 630円
本日のキッシュ 800円

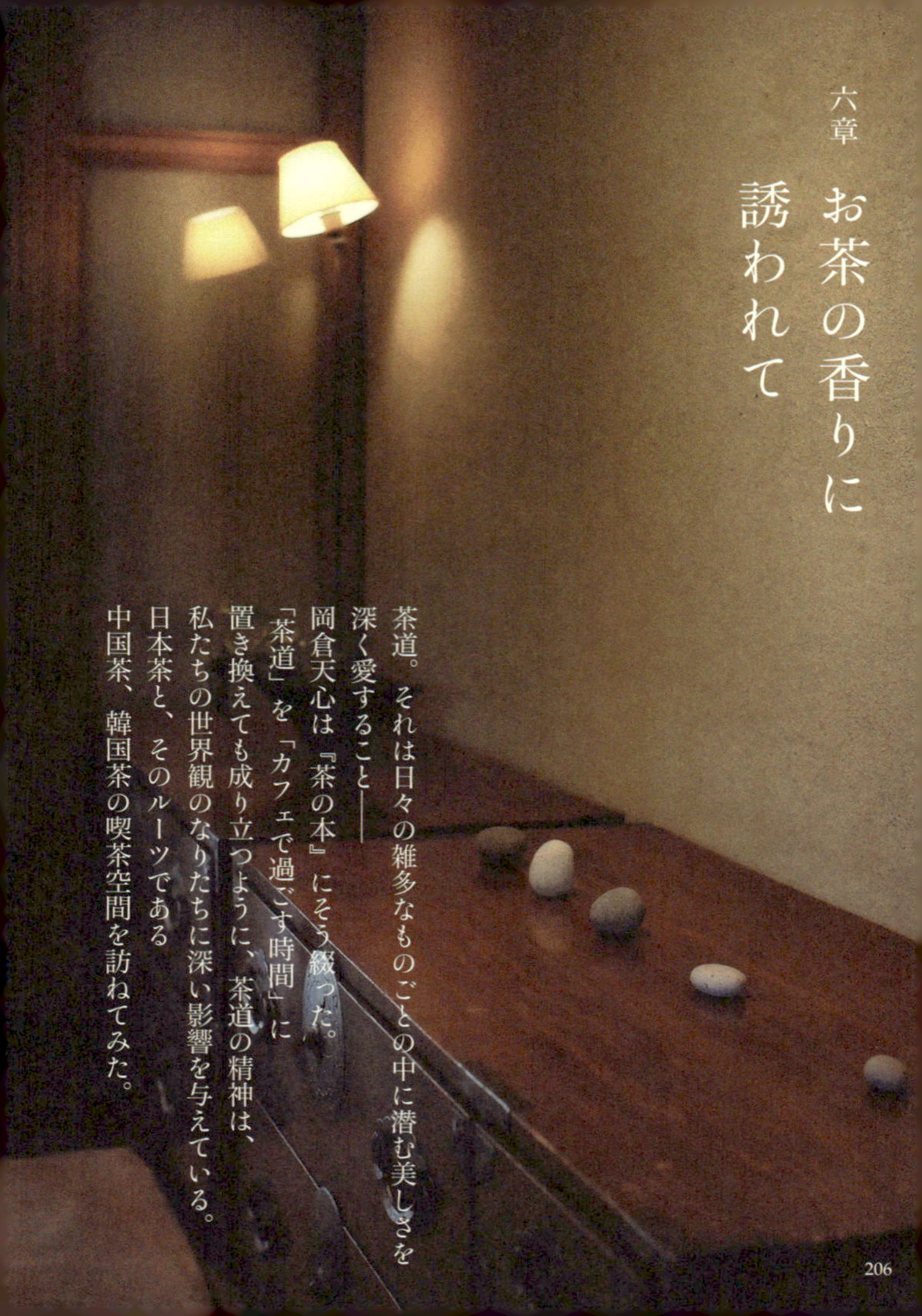

六章

お茶の香りに誘われて

茶道。それは日々の雑多なものごとの中に潜む美しさを
深く愛すること——
岡倉天心は『茶の本』にそう綴った。
「茶道」を「カフェで過ごす時間」に
置き換えても成り立つように、茶道の精神は、
私たちの世界観のなりたちに深い影響を与えている。
日本茶と、そのルーツである
中国茶、韓国茶の喫茶空間を訪ねてみた。

54

好日居

東山駅

古い板塀が続く閑雅《かんが》な路地の一角に、好日居はひっそりと「やってます」の札を掛けている。初めて好日居を訪れたのは二〇〇八年の桜の季節。まだ、お店が歩みはじめてわずか二日目のことだった。

好日居は大正時代に建てられた一軒家。その稀有な存在を人づてに聞いて、遠方からもぽつり、ぽつりと訪れるお客さまに、女性店主は深い香りの岩茶や日本茶を点てて、ゆったりともてなしている。

店主は一級建築士の横山晴美《よこやまはるみ》さん。三十年ものあいだ住まう者のなかった空き家を、友人知人の手を借りてこつこつと改装し、「かけがえのない今日ひと日が好い一日でありますように」との想いをこめて好日居と名づけた。

あの日、横山さんは玄関に続く飛び石に打ち水をしながら、まだなかなかお客さまをお迎えするようにはととのえられなくて……と話していた。けれども靴を脱いで家にあがった私は、美しい佇まいにいっぺんに魅了された。

胡桃色をした古いオルガン。白い漆喰の壁に自然光の射すギャラリー。柿渋と紅殻で壁や天井を仕上げた仄暗い和室。その奥に、坪庭に面した「シルクロードの間」とでも呼びたくなる空間があった。遠くから旅してきたものたちが並んでいた。西洋からユーラシア大陸を横断して日本まで、あるいは古墳時代から時空を超えて現代まで。床に敷きつめられた大谷石《おおやいし》は、横山さんがわざわざ栃木《とちぎ》県大谷まで出向いて採掘を手伝ったもの。

横山さんが青空を求めてウズベキスタンを旅したときに出会ったという青いうつわで、抹茶とお菓子を心ゆくまで楽しんだ。両手のひらにのせたうつわの中に、岡倉天心のひとことが浮かんでいるように思えた。

「一碗のお茶の中で、東洋と西洋が出会っている」

一年ぶりの好日居。そこには空気の密度のようなものが豊かに育っていた。精神が澄んでくるような岩茶を飲みながら、一年の日々のあいだに生まれた新しい物語を聞かせていただいた。それは「家に呼ばれた」という不思議な心楽しいご縁の物語。聞いていくとたしかに、家自身が意志を持ち、横山さんに来てもらうために旅や出会いのタイミング、人の心を呼び寄せ、いくつもの素敵な偶然が重なるように仕組んでいたとしか思えないのだった。

横山さんは初めて空き家を見たとき、とりたてて良いとは思わなかったと言う。ただ一点だけ、洋間の窓ガラスに丹念に繕われた痕跡が残っているのが目にとまった。この家は前の住人たちがなんらかの理由で去っていくまでは、日々大切に扱われてきたのだと思うと、少し気持ちが動いたそう。

住人からひとたび生命を吹き込まれた家は、その後、住む人を失ってからっぽになっても、完全に息絶えはしないようだ。横山さんが生きものの世話をするように愛情をこめて部屋を繕っていくと、家は長いあいだ溜めていた息を大きく吐きだし、新しい空気を呼吸しはじめた。

そんな繕いの作業のなかで、ふと「ここにお客さまをお迎えしたら」とひらめいたのがお店を開くきっかけだったそうだ。

横山さんは毎日、早朝の散歩の途中で季節の小さな花を摘み、家のそこかしこに活けていく。最もお茶をおいしく淹れられる水を求めて、離れた場所まで汲みに行く。そのような準備にたっぷり三、四時間はかかるらしい。

こうじつきょ　map....p254-no.10
京都市左京区岡崎円勝寺町91-82
Tel 075-761-5511　open 正午〜日暮　close 月＋火＋臨時休
電車　地下鉄東西線「東山」駅より徒歩7分
バス　市バス「京都会館美術館前」下車

「三十年分のひと気のなさを、この家のために埋めていくことがつとめと思って日々、門を開けています」と横山さん。

「訪れたお客さまに〝今日は好日〟と感じながらゆっくりしていただけたらこの家も喜ぶ……そう思って毎日を過ごしているように思います」

聡明で感受性豊かな主《あるじ》を得て幸福になったいま、家はきっとたくさんの人と心を通わせたがっているのだ。その屋根の下でさしだされる一碗のお茶が、また新たな出会いを次々に生みだしている。

岩茶の味には、点てるときの心が表れるという。一期一会の心をこめるのはもちろんだけれど、緊張して肩に力が入ってもいけない。穏やかでぶれのない心だけが、本当においしい一杯を点てることができるそうだ。

季節や茶壺のコンディションを見ながら、香りの立ちあがる決定的瞬間をとらえること。二煎目を淹れるときも、一度沸かしたお湯ではなく新鮮な沸かしたてを使うこと——私たちが交わしたそんな会話とたちのぼる清冽な岩茶の香りを、家は全身で喜んでいるように思えた。

メニュー　岩茶と小菓子 1400円、抹茶と小菓子 1000円

京都
一保
京都
一保
京都
一保

55 一保堂茶舗 喫茶室 嘉木

京都市役所前駅

古美術店や和紙専門店などが点在する寺町通《てらまちどおり》は、閑雅な散歩が楽しい。ひときわ目をひくのが一保堂の風格のある商家の店構え。入口で風に揺れる大きな茶色い暖簾《のれん》は、六月一日になると涼しげな白地に掛けかえられる。

一保堂は一七一七年創業の日本茶の老舗。屋号は山階宮から「茶、一つを保つように」と賜ったもの。お茶の販売スペースの右手奥に喫茶室に通じる入口があり、そこで抹茶や玉露、煎茶、ほうじ茶、玄米茶などがいただける。一保堂ならではの高品質のお茶と、京都の有名和菓子店のお菓子の組み合わせが気軽に楽しめるとあって、地元の人にも観光客にも人気が高いのだけれど、何よりもすばらしいなと思うのは、日本茶の魅力を一人ひとりに伝えていくことに手間を惜しまない、その姿勢である。

喫茶室は「淹れるところからご自分で」というスタイル。まず、知識豊富で親切なスタッフに、どんなお茶を飲みたいかというイメージを伝えると、それ

♣いっぽどうちゃほ きっさしつ かぼく　map....p252-no.05
京都市中京区寺町通二条上ル
Tel 075-211-3421　open 11:00〜17:00　close 無休（年末年始を除く）
電車　地下鉄東西線「京都市役所前」駅より徒歩6分

に合った銘柄を薦めて、淹れかたをていねいに説明してくれる。

「お湯の温度は、お料理の味つけと同じ。温度によって、ひきだせる味が違ってきます」

熱いお湯は渋みと香りをひきだし、ぬるめのお湯は甘みと旨みをひきだすのだそう。だから、甘みと渋みのバランスを楽しみたい煎茶は八〇度、旨みを楽しみたい玉露は六〇度で淹れる。

温度計がなくても、たちのぼる湯気の変化を見たり、手で急須のふたをちょっと触ってみれば、お湯の温度や抽出時間が判断できるという。

メニュー　抹茶濃茶「雲門の昔」1103円、煎茶「嘉木」662円

【煎茶のおいしい淹れかた】(1) 茶葉はたっぷり入れる。大さじ山盛り2杯(10g)。(2) 熱湯を茶碗に注いで冷ます。甘み＋香り＋渋みを楽しむ煎茶の場合は、80℃が 適温。冷めたら急須に注ぐ。(3) ふたをして60秒待つ。急須をゆらすと苦くなるのでご注意。(4) 茶碗にお茶を注ぐ。最後の1滴に旨みが凝縮されているので、完全に注ぎきること。

「目ばかり」「手ばかり」とスタッフは表現した。私たちの身体は優れたはかりなのだ。

煎茶の楽しみのひとつは、一煎目、二煎目、三煎目と味わいが変化すること。教わった通りに淹れると、予想しているよりもずっと豊かな変化が現れて驚かせてくれる。

「基本さえきちんとおさえれば、どんなお茶でも応用できますよ」

気分や季節によって飲みたい味は変わるけれど、たとえ一種類の茶しか持ちあわせていなくても、お湯の温度や抽出時間を工夫すれば、さまざまな味と香りが表現できる。

おむろさのわ　map....p255-no.12
京都市右京区御室竪町25-2デラシオン御室1F
Tel 075-461-9077　open 10:00〜18:00　close 月
電車　京福電鉄（嵐電北野線）「妙心寺」駅より徒歩5分
バス　市バス「御室仁和寺前」下車

56

御室さのわ

妙心寺駅

仁和寺《にんなじ》のそばに「一服のお茶のなごみ」、すなわち「茶の和」と名づけられたカフェがある。

モダンなコンクリート造の店内。窓や壁に、やわらかな光をたたえた創作和紙があしらわれている。これは「建築空間に生きる和紙造形の創造」をテーマに、千年を越える伝統を持つ和紙を大胆に現代建築の中に取りいれてきた堀木《ほりき》エリ子氏の作品。

端正な木のカウンターには外国人観光客も並んでいて、スタッフが英語の質問にも親切に答えている光景に微笑を誘われる。

ふだん無造作に煎れてしまいがち

メニュー　本玉露「雲の峰」840円、ロールケーキ（煎茶付き）1050円

な日本茶をもう一度見直して楽しんでほしいと、さのわはカウンターに茶釜をしつらえている。名水で知られる京見峠《きょうみとうげ》から汲んでくる湧き水を使って、スタッフが一人ひとりにていねいにお茶を点ててくれる。

　ウィーンのカフェ文化を体験したオーナーの井上和子さんは、日本のこまやかなおもてなしの心にウィーン流のあたたかなおもてなしを融合させ、日本茶と洋菓子のおいしい組み合わせを提案。「ミディ・アプレミディ」の津《つ》田《だ》陽《よう》子《こ》さんの手作りロールケーキが一日十食限定で登場している。

57

素夢子古茶家

烏丸御池駅

土塀と柿渋の暖簾《のれん》に囲まれた広い店内に入ると、夢の中に紛れこんだような心もちになった。ひそやかに伽椰琴《カヤグム》や竹笛《テグム》の音色がこぼれている。韓国の伝統的茶房を表現したという空間は仄暗く、視界のどこかで何か美しいものがゆらめいている。それは壁や窓のあちこちで、光に淡く透けている柿渋の布がもたらす印象なのだった。韓国の柿渋染めは、日本とは製法が異なるそうだ。二つの国の共通点と差違に、興味はつきない。

それにしても、アジア各国の時を経たものたちが違和感なく溶けあうこの宇宙の優美なこと！　重厚な扉板はインドやアフガニスタンの古い時代のもの。カウンターには能登《のと》の海を航海していた船の舟板が使われている。みごとな太い梁は、日本国内のお寺を解体したときに出た古材だという。それらが李朝時代の美しい薬簞笥《くすりだんす》とよく響きあっていた。

店名は難しく言えば「物性から解き放たれた自然の秘密の影」を意味するそ

メニュー　十夢母茶 1000円、柚子茶 650円、素夢子御膳 1500円

そむし こちゃや　map....p249-no.02
京都市中京区烏丸三条西入ル 御倉町73
Tel 075-253-1456　open 11:00〜21:00（LO20:00）　close 水
電車　地下鉄烏丸線・東西線「烏丸御池」駅6番出口から徒歩3分
バス　京都バス「烏丸三条」下車

うだが、スタッフは簡潔に「素朴に夢をみる人」と教えてくれた。

この驚くべき空間のオーナーは韓国出身のシム・ヨンギョンさん。京都で二七一年続いてきた老舗の呉服商、帯問屋の誉田屋《こんだや》源兵衛の十代目山口《やまぐち》源《げん》兵衛《べえ》さんと結婚し、韓国と日本の架け橋としてカフェを開いた。

メニューに並ぶ飲みものは漢方茶。古くから儒教思想が一般的だった韓国では、仏教の儀式をルーツとする緑茶の文化は発展せず、心身をいたわる漢方茶が親しまれてきたのだそう。私は高麗ニンジンや鹿の角など十種類の薬草を厨房で四、五時間煎じて作るという「十夢《ジュモン》母茶《モチャ》」をいただいた。木の香りとスパイスの香りが混じりあう濃厚な黒いお茶は、不思議な樹液を飲んでいるかのよう。添えられた伝統菓子は薬飯《ヤッパプ》。おこわの中に栗、なつめの実などがたっぷり入っている。そのおいしさに味をしめて、お昼と夜の食事どきだけ注文できる素夢子御膳も追加注文して楽しんだ。そして、ずっしりと持ち重りのするお箸に、また韓国を感じたのである。

琉球畳と竹編みの壁に囲まれた空間はギャラリー。この日は「先コロンビアの遺物展〜用の美」と題し、姉小路高倉コレクションの土器が展示されていた。

58

李朝喫茶 李青

出町柳駅

りちょうきっさ りせい　map....p247-no.01
京都市上京区河原町通今出川下ル2筋目東入ル448-16
Tel 075-255-6652　open 11:00〜18:00（LO17:30）　close 月＋火
電車　叡山電鉄・京阪電鉄「出町柳」駅より徒歩8分
バス　市バス「河原町今出川」下車

快い静けさに満ちた店内の片隅に、東京の「茶房李白《さぼうりはく》」の案内があるのをみつけた。なぜここに、と店主の鄭玲姫さんに訊ねると、李白を師と仰いでいるのです、とのこと。東京の李白と京都の李青は、李朝のおおらかで優美な文物を介して友情で結ばれている。

李朝の職人たちがつくりだした白磁や工芸品には、たまらない魅力がある。それらが日本の茶道の深化に与えてきた影響ははかりしれない。鄭さんの父は高麗美術館の創立者。父娘で韓国文化を京都に伝えている。

メニュー　韓国伝統茶 各種 500円、ピビンパ 1000円

どっしりした棚の上には、小さな灯火器がたくさん集められていた。書架には朝鮮関係の書物が並び、ところどころに彩色の少し褪せた、素朴な木彫りの人形が立っている。その中の一体に、ぐいと心が引き寄せられた。黒い帽子、青灰色の服を着て立つ老人である。知性と温かさの伝わる繊細な表情。これは文人を象った、野辺送りのための人形なのだと鄭さんが教えてくれた。

メニューには韓国伝統茶の数々が並んでいる。はちみつを加えたなつめ茶とともに、よもぎ餅に薄甘いあずきをからめた韓国餅を楽しんだ。

七章

食の愉しみ

ドイツ人を感激させたドイツパン、
イタリアで修業を積んだシェフの
彩り豊かなコース料理、
授乳中のママでも愉しめるスイーツ、
運ばれたテーブルから歓声のあがる
パン職人のサンドイッチ、
フェアトレードのコーヒー、
レモンをテーマにしたお菓子、
定食屋さんの一汁三菜……
みんな、カフェにあります。

⛩ はちはちインフィニティ・カフェ　map....p254-no.08
京都市上京区土屋町通上長者町下ル 西入山王町506
Tel 075-451-8792　open 11:30〜18:00　close 水＋木
電車　JR・地下鉄東西線「二条」駅より徒歩28分
バス　市バス「千本出水」下車

59

はちはち Infinity Café　二条駅

あるカフェの店主が「このごろ今出川通《いまでがわどおり》は〝パンストリート〟と呼ばれているんですよ」と教えてくれた。パンストリートは、西は「ラ・ナトゥラ」あたりを起点として、老舗の「大正製パン所」、有名店「ル・プチメック」の前を通り、東は「進々堂※」のベーカリーの先あたりまで伸びている。

ひとりで京都に滞在しているあいだ、よくパン屋さんにお世話になった。夜遅くに未知のワインバーに単独で行くのは気がひけるので、昼のうちに手ごろな赤ワインとパンを買っておく。夜中にホテルの部屋で、一日の記録をノートに書きとめながらかじるパンは、ひとり旅の愉しみのひとつである。

これはあくまでも個人的でおおまかな分類だけれど、京都のパン屋さんは①お惣菜パンが人気の老舗、②大通りの華やかなブーランジェリー、③路地裏の小さな、センスの良いブーランジェリー、の三タイプに分けられそうだ。

はちはちインフィニティ・カフェは、三つのどれにも属さない孤高のドイツ

※ 82ページに掲載。

系パン職人がたったひとりで開いている。フランス系のパンはクラストの香ばしさやクラムのふんわり感、バターのリッチさなど、万人にわかりやすいおいしさを競っているが、ドイツ系のパンはそうではない。残念ながら多くの人が「酸っぱくて硬いから苦手」という固定概念を抱いていると思う。

じっくりと噛みしめることで穀物の旨みがにじみだすドイツパンは、その魅力を理解するまでに少し時間のかかる、それだけに一度とりこになると、これでなくてはと思わせる力を秘めている。小さな森に囲まれた一軒家で横田《よこた》耕一《こういち》さんが焼くパンたちは、その力がたいそう強い。「森の存在が天然酵母にも影響を与えていると思う」と、横田さんは素敵な低音で話してくれた。

四季のめぐる森の中の、パン工房とカフェと住まいを兼ねた一軒家。それは西陣の街の異界にある。森へつづく細道は舗装もされていなかった。古ぼけた一軒家の玄関に立った人はみな、入っていいものかどうか一瞬とまどう。見たところ、勝手に引き戸を開けて、勝手にあがりこんでくつろぐのが正解のようだ。横田さんは土間でパンを作る作業のほかに、お客さまにコーヒーを淹れたりサンドを作ったりと、ひとりですべての仕事をこなしているから。

築九十年の荒れた廃屋を、彼は友人たちの手を借りて一年半がかりで改修したそうだ。

小ぎれいに仕上げることは、はなから意図していないように見える。ざっくりした質感が魅力の男性的な佇まいには、家を囲む樹木や草地と一体化することを願っているような気配がある。彼の焼くパンと同じだ。自家製の天然酵母は生きていて、森に棲む菌を呼吸している。

客足のちょっと落ちついた二時半過ぎ、コーヒーと「本日のサンドイッチ」をいただいた。温かなスープと四枚のライ麦パンの盛りあわせ。

メニュー　本日のサンドイッチ 950円、コーヒー 350円

パンの上に簡単にソテーした有機野菜やチーズやはちみつがのせられている。調味料で厚化粧した味ではなく、それぞれの素材の持ち味がきちんと感じられる、じつに魅力のあるプレートだった。

稠密《ちゅうみつ》なライ麦パンは具材の風味をがっちりと受けとめてくれる。柑橘系の酸味がコーヒーに最高の甘みをもたらすように、ライ麦のほのかな酸味は、パンに豊かな味の幅をもたらす。ドイツパンには、ドイツパンの食べ方があるのだ。ここでその真実を教わって以来、私はすっかりドイツパン好きになってしまった。

60

prinz 茶山駅

二〇〇二年にリニューアルオープンして以来、プリンツはさまざまな要素を集めたアイディアの斬新さとデザイン性の高さで話題を呼んできた。efish[※1]を手がけた西堀晋氏の設計によるユニークな複合施設で、二室限定のアパートメントホテル、ギャラリー、ライブラリー、ガーデン、そしてレストランカフェが集合している。私もオープン当初に一度訪れているのだけれど、空間の洗練されたセンスに感嘆はしても、カフェの食事に関しては何を食べたのか思い出せないほど印象が薄かった。

それが久しぶりに訪れてみると、わざわざ（しかもいそいそと）食事に出かけたい場所に変身していたのである。二〇〇七年七月、プリンツは食の要素を強化して優秀な若手シェフを迎えた。厨房に立つのは、トスカーナのミシュラン二つ星リストランテなどで三年半にわたって修業してきた中東俊文《なかひがしとしふみ》シェフ。苗字にぴんと来る人もいるでしょうか。和食店「草喰なかひがし」店主の

※1 104ページに掲載。

メニュー　ワンプレートモーニング840円、ランチ1350円〜

gallery
café

プリンツ　map....p247-no.01
京都市左京区田中高原町5
Tel 075-712-3900　open 8:00〜24:00（LO 23:30）　金土日 8:00〜26:00（LO 25:00）
close 無休（月曜日ディナー休）
電車　叡山電鉄「茶山」駅より徒歩2分
バス　市バス「高原町」下車

息子さんである。食いしん坊の私は中東シェフのお料理に魅せられてしまい、京都滞在中に何度も訪れて、朝食、昼食、夕食のそれぞれを楽しんだ。

朝八時から十一時までの朝食「ワンプレートモーニング」には、大原で収穫された新鮮な素材が盛り合わされる。餌にこだわった鶏の卵は、シンプルな目玉焼きに。サラダには小さな農家が有機栽培する旬の野菜を数種類。ジューシーなウィンナーソーセージにはバジルが香る。広い中庭に咲き誇る花木を眺めながらのモーニングは、気持ちのいいことこのうえない。

でも、シェフの本領を味わいたいなら、めざすべきはランチとディナー。十一時半からのランチはプリフィクス・スタイルで、四つのコースが設定されており、クオリティの高さと思いのほかリーズナブルな価格で驚かせてくれる。十七時半からのディナーコースは、但馬牛や魚介のスープが絶品！

日によっては満席やパーティーの恐れがあるので、「肩の力の抜けたカフェ的空間で、レストラン的内容の食事」という喜びを旅行中に確実に味わいたいなら、事前に電話で予約しておきましょう。もちろんコーヒー一杯でも利用可能で、ＨＫさん※2の焙煎した深煎りの味が楽しめる。

※2 184ページに掲載。

カフェ ひより　map....p247-no.01
京都市左京区田中高原町 29-1
Tel 075-701-5831　open 11:00 〜 17:00　close 日＋月＋不定休
電車　叡山電鉄「茶山」駅より徒歩 5 分
バス　市バス「高原町」下車

61

カフェ日杳

茶山駅

住宅街の一角にある日杳で「いちじくと黒豆のケーキ」と、オオヤコーヒ焙煎所※の豆を使った深煎りのコーヒーをいただいた。

日杳のスイーツは牛乳やバターを使わず、甜菜糖《てんさいとう》で優しい甘さを加えた、毎日食べられる味。ランチにも無理のない範囲でオーガニック素材を使用している。

開店のきっかけは「子育て中に食事の大切さを実感したこと。女性、とくに主婦が一人で昼食を食べられる場所が近くになかったこと」と店主の中野《なかの》佐里《さり》さんは語る。

「主婦は自分一人だと、残りもので

※ 59ページに掲載。

メニュー　ランチプレート 800円、ケーキセット 800円

簡単にすませがちでしょう？」

美術家の小山田徹さんが手がけた内装は、映画『青いパパイヤの香り』の色彩をイメージした青緑色のタイルが美しい。中野さんが友人知人を総動員して、陶芸家の工房で六千枚ものタイルを焼いたそうだ。

中庭の奥にある自宅に三人のお子さんが出入りする光景が、カフェから見えることもあって楽しい。ご近所の鍵っ子が「鍵をなくした！」と駆けこんできて両親の帰りを待つこともある。日杏は街に根ざしたカフェとして、大切な役割を果たしているのだ。

62

Ha-Ha apartment + café

京都市役所前駅

小さなキッチンで毎日、オーブンがフル回転してパンが次々に焼きあげられる。笑い声を店名にしたこのカフェでは、雑穀パン、フランスパンなど六種類のパンを具材に合わせて使いわけ、野菜たっぷりのサンドやバーガーを楽しませてくれる。種類の豊富さに驚いていたら「それぞれに固定ファンがいるので、メニューからなくせないんです（笑）」

どの一皿も、パン職人のオーナーと食いしん坊のスタッフが誠実に、いきいきと手作りしているから、お昼どきには行列ができる。オープン以来八年間通っている人もいるそう。

ハーハー アパートメント カフェ　map....p250-no.03
京都市中京区麩屋町通三条下ル白壁町 444
Tel 075-212-3488　open 12:00 〜 22:00（LO 21:00）　close 不定休
電車　地下鉄東西線「京都市役所前」駅より徒歩 7 分
バス　市バス「河原町三条」下車

メニュー　白いパンのサンドプレート 840円
クランベリーグレープフルーツジュース 550円

63

そうげんカフェ

茶山駅

カフェ好きならきっと誰もが好ましく思うみずみずしい空気感。飲食と空間づくりの基本的要素がしっかりしていて、お客さまに若い人が多くても安心して楽しめた。

食材にはフェアトレードやオーガニック素材を多用しているが、オーナーの小泉さんは「それを前面に打ちだすと不細工でしょう？（笑）」とあくまでもさりげない。フローリストとしても活躍する小泉さん。植物の世話をするコツは「ほっといてもかまいすぎてもいけない。人間関係と同じ」と言う。優しい距離の接客も居心地の良さのひとつ。

そうげんカフェ　map....p247-no.01
京都市左京区北白川上終町10-2
Tel 075-724-4046　open 11:30〜21:30　close 不定休
電車　叡山電鉄「茶山」駅より徒歩10分
バス　市バス「上終町京都造形大前」下車

メニュー　自家製ソーセージのバゲットサンド 700円
ケーキセット 800円

シトロン・シュクレ　map....p249-no.02
京都市中京区姉小路室町西入ル 突抜町139
Tel 075-222-0503　open 11:00〜22:00　close 不定休
電車　地下鉄烏丸線・東西線「烏丸御池」駅より徒歩4分

64

シトロン・シュクレ

烏丸御池駅

オーナーパティシエの山本稔子さんが「いつも引きたて役のレモンを主役に」という素敵なテーマのもと、フランス伝統菓子をベースにした独自のレモン風味スイーツを作りだしている。レモンのシュークリーム、タルト、ファーブルトン……広島のレモン農家から取り寄せたレモンが一日に何十個も使われる。

店内のみでいただけるクレープシトロンは、もちもちした食感のクレープ生地に、レモン果汁とはちみつを合わせた自然な甘酸っぱさのソースが幸福な相性の良さ。レモン味のアイスがさわやかな甘みを添える。

メニュー　クレープシトロン800円、紅茶各種（ポット）600円

65

mano a mano　四条駅／烏丸駅

私は長いこと会社づとめをしていて、同僚とランチの優秀店を探すのが日課だった。オフィスに近く、気の利いたメニューがあり、シックで落ちついた空間という三拍子が揃うお店にはなかなか出会えなかったのだけれど。フリーの身になってから、旅先のオフィス街の一角でそんな理想を満たすカフェに出会ってしまった。探すのをやめたときに見つかる、という真理でしょうか。

そのうえここでは、カフェ・ド・ガウディの豆をきちんと一杯ずつ点てたコーヒーにも出会える。界隈で働く人々にさぞ喜ばれているだろう。

マノ アマノ　map....p249-no.02
京都市下京区高辻通烏丸西入ル下ル 小島町 768-3
Tel 075-361-3371　open 11:00 〜 21:00（LO 20:30）　close 日＋祝日
電車　地下鉄烏丸線「四条」駅、阪急電鉄「烏丸」駅より各徒歩 5 分
バス　市バス「烏丸松原」下車

メニュー　日替わりランチ 800円、ケーキセット 650円〜

66

つばめ

一乗寺駅

青いつばめが飛ぶ看板に、小さく「コーヒーと定食」の文字。芸大出身の女性二人が開いた小さなお店のキッチンで、一汁三菜の家庭料理がていねいに手作りされる。華やかなおかずはないけれど、毎日の充実したごはんの積み重ねが健康的な生活の基本なのだと気づかせてくれる。

定食屋さんにはないカフェの魅力といえば、コーヒーとお菓子を前にのうのうと過ごす時間。ここではオオヤコーヒ焙煎所※の豆をしっかり抽出したコーヒーが楽しめた。小物のセンスが良くて、なんでもないテーブルの光景にも魅力が光る。

つばめ　map....p247-no.01
京都市左京区一乗寺払殿町30-2
Tel 075-723-9352
open 11:30〜20:30　木日祝11:30〜17:30（変更の場合あり）　close 月
電車　叡山電鉄「一乗寺」駅より徒歩10分
バス　市バス「高野」下車

※ 59ページに掲載。

メニュー　今日の定食 850円、今日のデザート各種 450円

67

gurigura cafe

河原町駅

手作りのランチがいただける小さなカフェ。友だちの部屋を訪ね、本棚になじみの絵本を見つけておしゃべりしながら楽しくごはんをよばれる感覚だ。

女性オーナーの飯田さんは、支えてくれる友人たちとともに毎年お店のテーマを決めてきたという。

四年目の今年は、〝日々〟を意味するイタリア語「ジョルニ」。お客さまの日常の日々のなかにグリグラカフェがあってほしいという願いと、自分たちの日々の仕事を見直して大切に、という目標を表しているそう。

グリグラカフェ　map....p249-no.02
京都市下京区四条通麩屋町下ル 八文字町335
Tel 075-351-3512　open 12:00〜20:00　close 第2・3水
電車　阪急電鉄「河原町」駅より徒歩7分
バス　市バス「四条河原町」「四条烏丸」下車

メニュー　おうちごはん 850円、ライ麦サンド 750円

あ行
ambient cafe mole（京都市役所前） 182
一保堂茶舗 喫茶室 嘉木（京都市役所前） 214
イノダコーヒ本店（烏丸御池） 76
weekenders（元田中） 56
雨林舎（二条） 174
efish（清水五条） 104
ELEPHANT FACTORY COFFEE（河原町） 156
小川珈琲 京都三条店（三条） 34
OKU（祇園四条） 192
御多福珈琲（河原町） 146
御室さのわ（妙心寺） 218

か行
café anonima（茶山） 168
CAFÉ INDÉPENDANTS（京都市役所前） 200
caffè Verdi（北大路） 40
CAFÉ OPAL（祇園四条／河原町） 134
CAFÉ KOCSI（京都市役所前） 130
CAFE Doji（北山） 114
カフェ・バーバチカ（北山） 144
Café Bibliotic Hello!（京都市役所前） 122
カフェ日杳（茶山） 236
CAFE HERON（二条城前／二条） 126
かもがわカフェ（神宮丸太町） 110
GARUDA COFFEE（御陵） 186
きさら堂（一乗寺） 175
喫茶 静香（北野白梅町） 100
喫茶 セブン（烏丸御池／丸太町） 102
喫茶 ソワレ（河原町） 86
喫茶 六花（東山） 152
kitone（四条） 140
guriguracafe（河原町） 243
好日居（東山） 206
珈琲 伽藍（北山） 58
珈琲工房てらまち（二条城前） 44
ことばのはおと（丸太町） 202

さ行
CC'S（二条） 94
自家焙煎珈琲ガロ（鞍馬口） 52

さ行
シトロン・シュクレ（烏丸御池）240
照明器具と喫茶室 月あかり（清水五条）198
進々堂 京大正門前（出町柳）82
スマート珈琲店（京都市役所前）90
そうげんカフェ（茶山）239
SOU・SOU しつらい（河原町）48
素夢子 古茶家（烏丸御池）220

た行
築地（河原町）98
月と六ペンス（烏丸御池）164
つばめ（一乗寺）242
TRACTION book cafe（烏丸御池）170

な行
直珈琲（京都市役所前）14

は行
バザールカフェ（今出川）145
はしもと珈琲（北大路）154
はちはち Infinity Café（二条）226
Ha-Ha apartment+café（京都市役所前）238
ひだまり（北野白梅町）204
FACTORY KAFE 工船（出町柳）22
Prangipani（鞍馬口）203
フランソア喫茶室（河原町）70
prinz（茶山）232

ま行
前田珈琲 明倫店（四条／烏丸）188
mano a mano（四条／烏丸）241
Mijas Pittoo（祇園四条）172
名曲喫茶 柳月堂（出町柳）176

や行
YAMATOYA（神宮丸太町）180
遊形サロン・ド・テ（京都市役所前）196

ら行
Rabbit Coffee（京都市役所前）151
李朝喫茶 李青（出町柳）224
Lugol（烏丸御池）142
les trois maisons（今出川）205
六曜社 地下店（京都市役所前／三条）30

＊（ ）内は、電車での最寄駅を表しています。詳しくは各お店の情報をご覧ください。

京都カフェ map［全体図］

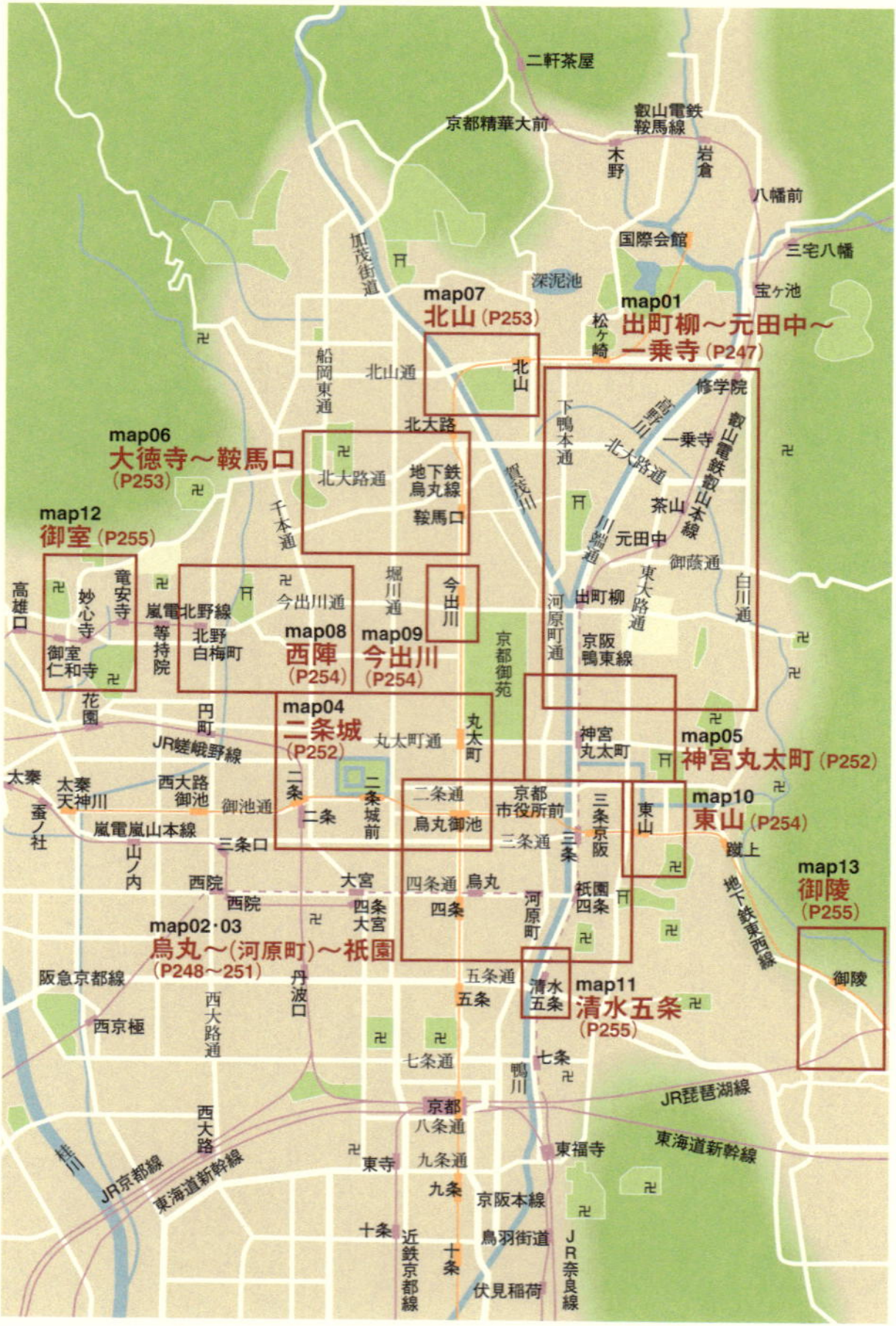

京都ノートルダム女子大
松ヶ崎通
簡易保険事務センター
京都工芸繊維大
修学院
北泉通
大原通
叡山電鉄叡山線
地下鉄北大路駅方面
疏水分流
北泉通
洛北高・中
葵小
きさら堂（P175）
修学院第二小
北大路通
つばめ（P242）
曼殊院通
恵文社
一乗寺
下鴨本通北大路
高野橋
一乗寺公園
修学院中
caffé Verdi（P40）
左京郵便局
高野橋東詰
カナート洛北
高野
白川通北大路
北大路通
ホリディイン京都
高野川
下鴨東通
高野中
下鴨本通
下鴨神社
下鴨中通
café anonima（P168）
下鴨中
東大路通
茶山
妙誓寺
養徳小
そうげんカフェ（P239）
糺ノ森
無礙光院
prinz（P232）
京都造形芸術大
東鞍馬口通
川端通
カフェ日杏（P236）
北白川疏水通
河合神社
元田中
御蔭橋
weekenders（P56）
白川通
御蔭通
下鴨警察署
田中里ノ前
北白川別当
一乗寺通
養正小
河原町今出川
京都大学
河合橋
出町柳
出町橋
名曲喫茶 柳月堂（P176）
長徳寺
知恩寺
清風荘庭園
進々堂 京大正門前（P82）
賀茂大橋
今出川通
百万遍
東今出川通
李朝喫茶 李青（P224）
吉田山公園
白川通今出川
鞠小路通
KAFE工船（P22）
京都大学
河原町通
御車通
吉田山
第四錦林小
左京区役所
神楽岡通
東一条通
東山東一条
吉田神社
京都府立医科大附属病院
鴨川公園
京都精華女子高・中
大元宮
宗忠神社
京都府立医科大
鴨川
京阪鴨東線
東山近衛
近衛通
京大附属病院
近衛中
神楽坂通
真如堂
荒神橋

［map02：烏丸～（河原町）～祇園］

御幸町通
寺町通
河原町二条
ホテルフジタ京都
二条大橋
二条通
ジャスコ
東山二条
川端二条
ambient cafe mole (P182)
日本銀行
頂妙寺
新洞小
川端通
京都市役所
京都ホテルオークラ
新富小路通
新柳馬場通
新堺町通
新高倉通
東大路通
ローソン
御池大橋
川端御池
京都市役所前
本能寺
河原町通
京都ロイヤルホテル&スパ
天性寺
三条京阪
三条通
かに道楽
三条大橋
河原町三条
東山三条
三条大橋
三条
KYOUEN
MOVIX京都
MOVIX京都
京劇会館
交番
若松通
花見小路通
あじびる
古門前通
BAL
木屋町通
先斗町通
鴨川
白川
白川北通
ビブレ
新京極通
新門前通
高瀬川
辰巳大明神
白川南通
新橋通
新橋南通
祇園会館
河原町OPA
四条大橋
四条河原町
よーじや
交番
四条通
河原町
四条大橋
祇園
藤井大丸
京都高島屋
四条河原町阪急
南座
一力亭
弥栄中
八坂神社
祇園四条
大和大路通
花見小路通
団栗橋
OKU (P192)
ナカヌキヤ
団栗通
郵便局
祇園甲部歌舞練場
Mijas Pittoo (P172)
CAFÉ OPAL (P134)
河原町仏光寺
建仁寺
安井北門通
ローソン
新道通
東山安井
木屋町通
京阪本線
恵美須神社
安井金毘羅宮
宮川町通
新道小
河原町松原
松原橋
東山警察署
松原通
六道珍皇寺
八坂通

富小路殿公園
月と六ペンス（P164）
二条通
油小路通
小川通
西洞院通
釜座通
新町通
衣棚通
室町通
両替町通
烏丸通
車屋町通
東洞院通
間之町通
高倉通
堺町通
柳馬場通
富小路通
麩屋町通
押小路通
喫茶セブン（P102）
Cafe Bibliotic Hello!（P122）
京都国際マンガミュージアム
詳細図参照（P250〜251）
Lugol（P142）
ampm
御池通
サークルK
セブンイレブン
地下鉄東西線
烏丸御池
京都ガーデンホテル
柊家旅館
姉小路通
シトロン・シュクレ（P240）
新風館
洛風中
中京郵便局
京都文化博物館
NTT
素夢子 古茶家（P220）
SACRAビル
三条通
三井ガーデンホテル京都三条
烏丸三条
京都YMCA
六角堂
ホテルモントレ京都
六角通
サークルK
地下鉄烏丸線
高倉小
蛸薬師通
前田珈琲 明倫店（P188）
京都芸術センター
錦小路通
三菱東京UFJ銀行
三井住友銀行
大丸京都店
ジュンク堂書店
大和証券
阪急京都線
四条通
烏丸
四条西洞院
四条烏丸
京都中央信金
池坊短大
京都産業会館
COCON烏丸
gurigura cafe（P243）
綾小路通
四条
紅梅殿
からすま京都ホテル
洛央小
仏光寺通
高林庵
ホテル日航プリンセス京都
菅大臣神社
五条警察署
佛光寺
京都市学校歴史博物館
大善院
高辻通
成徳中
京都銀行
平等寺
mano a mano（P241）
kitone（P140）
松原通
ファミリーマート

[map03：河原町 詳細]

京都市役所前
御池大橋
柊家旅館
俵屋旅館
本能寺
Rabbit Coffee (P151)
遊形サロン・ド・テ (P196)
京都ロイヤルホテル&スパ
直珈琲 (P14)
ampm
天性寺
スマート珈琲店 (P90)
スターバックスコーヒー
小川珈琲 京都三条店 (P34)
三条大橋
三条ありもと
かに道楽
交番
河原町三条
京阪電鉄三条駅／地下鉄三条京阪駅方面
カフェ・アンデパンダン (P200)
六曜社 地下店 (P30)
MOVIX京都
マクドナルド
京劇会館
詩の小路
MOVIX京都
ミーナ京都
先斗町歌舞練場
Ha-Ha apartment+café (P238)
グルメシティ
あじびる
西木屋町通
BAL
麩屋町通
御幸町通
寺町通
新京極通
河原町通
木屋町通
先斗町通
ミニストップ
土佐稲荷岬神社
ビブレ
ファミリーマート
蛸薬師通
ELEPHANT FACTORY COFFEE (P156)
裏寺町通
鴨川
錦市場
錦天満宮
高瀬川
河原町OPA
築地 (P98)
松竹第三ビル
花遊小路
SOU・SOU しつらい (P48)
コトクロス阪急河原町
喫茶ソワレ (P86)
マクドナルド
交番
河原町
四条河原町
四条大橋
御多福珈琲 (P146)
藤井大丸
京都高島屋
四条河原町阪急
フランソア喫茶室 (P70)

烏丸御池
御池通
地下鉄東西線
ファミリーマート
烏丸御池
サークルK
姉小路通
CAFÉ KOCSI (P130)
洛風中
新風館
中京郵便局
京都文化博物館
NTT
SACRAビル
烏丸三条
三条通
マクドナルド
イノダコーヒ三条支店
京都YMCA
三井ガーデンホテル京都三条
イノダコーヒ本店 (P76)
六角堂
卍
ホテルモントレ京都
ファミリーマート
六角通
TRACTION book cafe (P170)
ウィングス京都
松井本館
烏丸通
カラスマプラザ21
東洞院通
高倉小
高倉通
堺町通
柳馬場通
富小路通
蛸薬師通
地下鉄烏丸線
セブンイレブン
錦小路通
錦市場
大丸京都店
三菱東京UFJ銀行
三井住友銀行
みずほ銀行
ジュンク堂書店
四条烏丸
烏丸
四条通
阪急京都線
四条
京都中央信金

［map04：二条城］

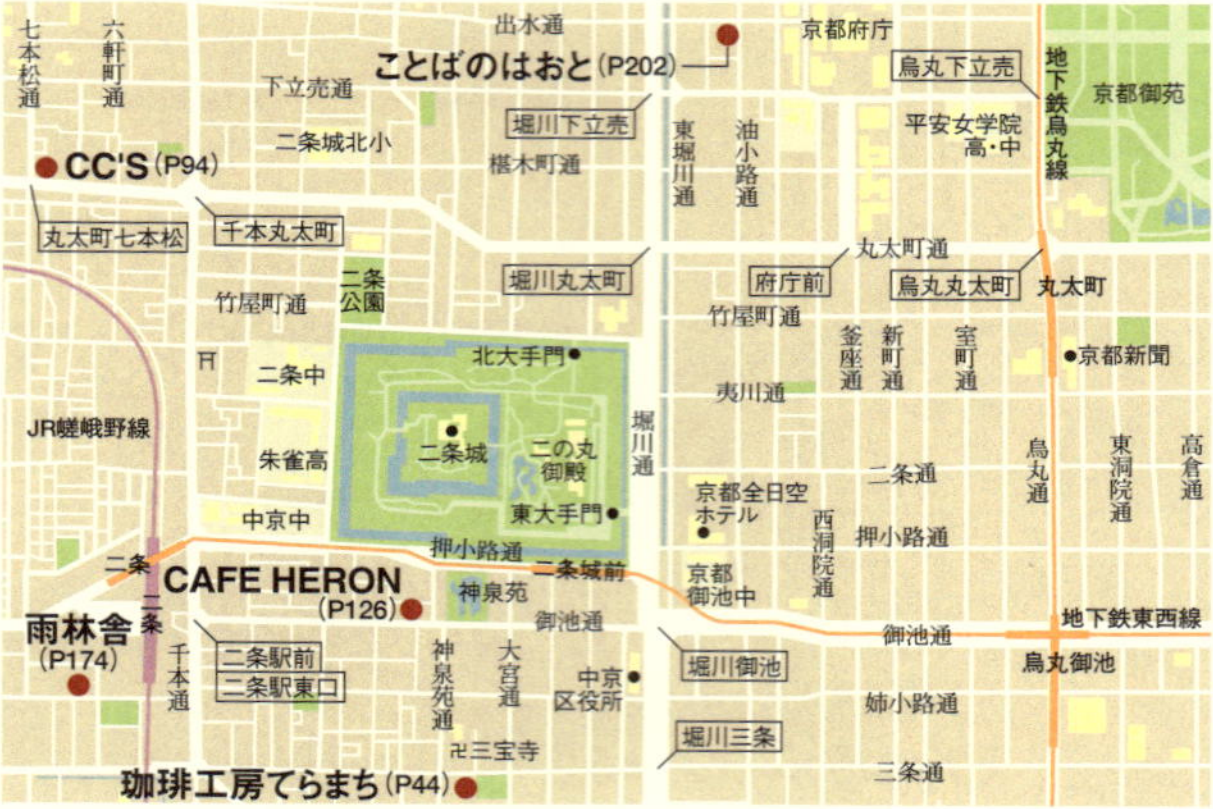

［map05：神宮丸太町］

[map06：大徳寺〜鞍馬口]

[map07：北山]

［map08：西陣］

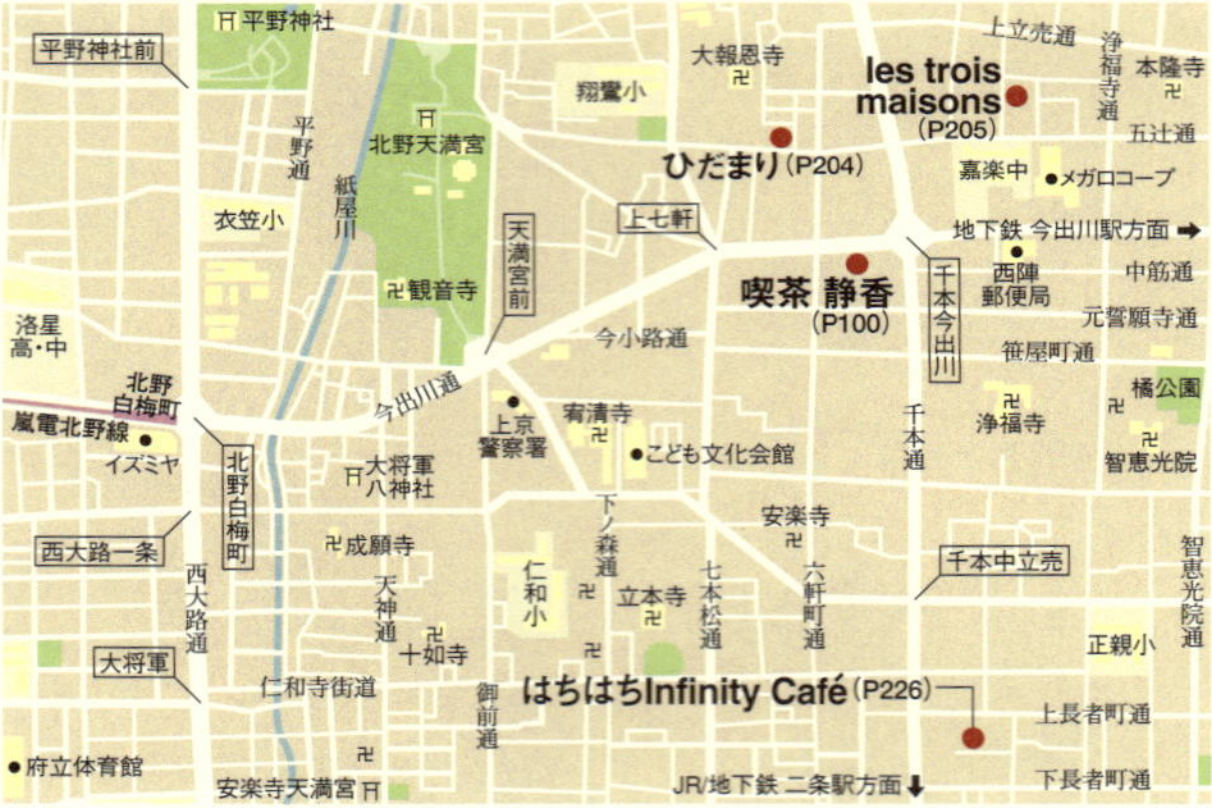

［map10：東山］

［map09：今出川］

［map11：清水五条］

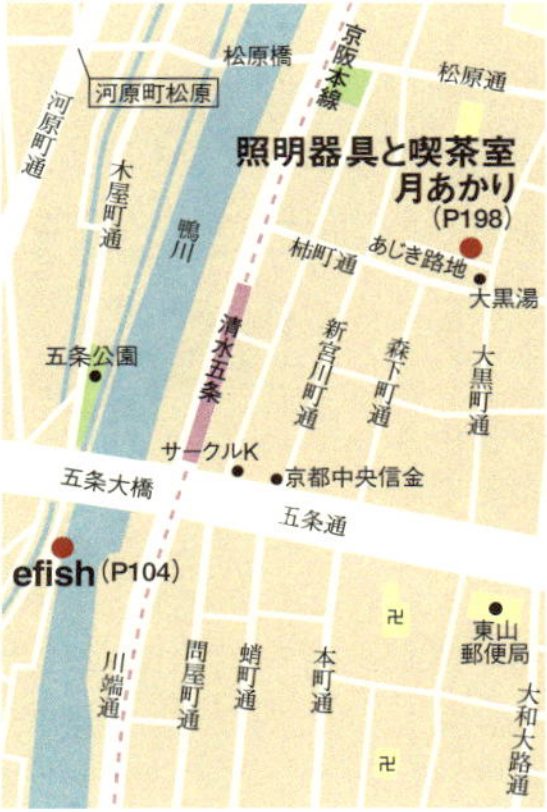

［map12：御室］

［map13：御陵］

＊本書に掲載している情報は、すべて2009年9月現在のものです。最新の情報はお店にご確認ください。

＊バスの情報は、すべてが市バスの京都駅からのものとは限りません。詳細は駅などでお問い合わせください。

＊本文中の「珈琲」「コーヒー」の使い分けは、お店の表記に従っています。

＊本書は、祥伝社黄金文庫のために書き下ろされました。

祥伝社黄金文庫

祥伝社黄金文庫　創刊のことば

「小さくとも輝く知性」――祥伝社黄金文庫はいつの時代にあっても、きらりと光る個性を主張していきます。

真に人間的な価値とは何か、を求めるノン・ブックシリーズの子どもとしてスタートした祥伝社文庫ノンフィクションは、創刊15年を機に、祥伝社黄金文庫として新たな出発をいたします。「豊かで深い知恵と勇気」「大いなる人生の楽しみ」を追求するのが新シリーズの目的です。小さい身なりでも堂々と前進していきます。

黄金文庫をご愛読いただき、ご意見ご希望を編集部までお寄せくださいますよう、お願いいたします。

平成12年(2000年)2月1日　　祥伝社黄金文庫　編集部

京都《きょうと》カフェ散歩《さんぽ》　喫茶都市《きっさとし》をめぐる

平成21年10月20日　初版第1刷発行

著者　川《かわ》口《ぐち》葉《よう》子《こ》

発行者　竹内和芳

発行所　祥《しょう》伝《でん》社《しゃ》

東京都千代田区神田神保町3-6-5
九段尚学ビル　〒101-8701
☎03(3265)2081(販売部)
☎03(3265)2084(編集部)
☎03(3265)3622(業務部)

印刷所　堀内印刷

製本所　ナショナル製本

ISBN978-4-396-31496-5 C0195

祥伝社のホームページ・http://www.shodensha.co.jp/